ILLUSTRATIONS

RUINES ET SOUVENIRS

Paris. — Typographie de Firmin Didot frères, rue Jacob, 56.

LE FORUM.

[illegible]

[illegible]

[illegible]

[illegible]

[illegible]

[illegible]

ILLUSTRATIONS

RUINES ET SOUVENIRS

DES

CAPITALES ANCIENNES ET MODERNES

PAR M. A. MAZURE

ANCIEN INSPECTEUR D'ACADÉMIE

PARIS

LIBRAIRIE DE L'ENFANCE ET DE LA JEUNESSE

P. C. LEHUBY, LIBRAIRE-ÉDITEUR

RUE DE SEINE, 55

AVERTISSEMENT.

Une revue des capitales anciennes et modernes est de nature à offrir un grand spectacle
à l'imagination ; c'est comme un regard jeté sur
le monde entier, sur toutes les nations, dont les
capitales résument l'histoire, les mœurs, la civilisation.

Nous avons pensé qu'un ouvrage sur un tel
sujet serait à la fois instructif et attrayant pour
les jeunes lecteurs auxquels nous nous sommes
plus d'une fois adressé ; que cette succession des
grands noms et des cités célèbres leur semblerait agréable autant que variée ; qu'ils en retire-
raient non-seulement quelque instruction, mais
encore une solide pensée, celle de la grandeur
de Dieu, qui demeure quand les générations des
hommes ont disparu avec les ouvrages qu'ils

avaient cru placer sur la terre pour un temps sans limites.

Notre livre est divisé en trois parties : capitales anciennes ; capitales modernes ; Paris, reine des capitales. Dans la première partie, nous allons du plus au moins ancien, de l'Orient à la Grèce, de la Grèce à Rome ; dans la seconde, nous suivons une marche analogue : l'Orient moderne, l'Amérique européenne, l'Europe, dont la revue se clôt par Londres, la voisine et la rivale de Paris. Nous avons évité de tomber dans des répétitions par rapport aux divers volumes du *Portefeuille*, ouvrage descriptif, publié il y a déjà plusieurs années. Alors, nous avons eu pour objet le monde entier ; ici les capitales sont l'objet unique, et, en évitant les redites, nous avons cherché ailleurs les détails qui nous ont paru capables d'intéresser.

Quant à la troisième partie, d'ailleurs fort courte, qui a Paris pour objet, elle est le lien de tout le livre. Dans le tableau comparatif des capitales, nous ne perdions pas de vue celle de notre pays ; il était donc nécessaire de consacrer à la capitale de la France une partie spéciale. Mais nous n'avons pas voulu rentrer dans la banalité des descriptions de Paris, et nous nous sommes attaché surtout, sur cette reine des capitales, à des considérations d'art et d'histoire.

En général, nous avons puisé dans les géographes, les historiens, les voyageurs, essayant de produire, avec tant de matériaux, un ensemble régulier qui fût notre travail propre, qui ne manquât pas d'unité, malgré la diversité des sujets et des sources. Nous désirons que cet ouvrage d'éducation soit accueilli avec bienveillance, comme l'ont été les écrits du même genre que nous avons mis au jour à d'autres époques.

A. M.

LIVRE PREMIER.

CAPITALES ANCIENNES.

CHAPITRE PREMIER.

BABYLONE. — NINIVE.

I.

*Babylone; sa grandeur, ses palais, ses temples, ses quais,
ses jardins suspendus.*

Si le nom d'une grande cité, d'une capitale, a
gardé le privilége de laisser une trace profonde dans
la mémoire des hommes, ce fut assurément Babylone,
la première reine de l'antique Orient. Durant le plus
ancien âge après le déluge, cette ville célèbre pos-
séda une splendeur sans rivale, et sa chute, annoncée
par les prophètes avec un éclat extraordinaire, a porté
depuis plus de deux mille ans un effrayant souvenir
à travers les générations.

Babylone paraît avoir été fondée par Nemrod, petit-fils de Sem, et construite bien des siècles après,
vers le vingtième siècle avant J. C., par la puissante
reine Sémiramis, qui employa à cet immense ouvrage
deux millions d'hommes réunis de tous les points de son

empire. D'autres rois l'agrandirent, surtout Nabuchodonosor, si célèbre dans les annales sacrées, et l'élevèrent à cet état de grandeur dont les historiens anciens, particulièrement Hérodote et Diodore, ont raconté des merveilles dont nous allons relever ici les principaux traits.

La capitale de la Chaldée était située dans une plaine très-fertile. Le circuit de ses murailles pouvait bien être de vingt lieues, formant un carré parfait, cinq lieues par côté ; elles étaient épaisses de cinquante coudées, hautes de deux cents, bâties de larges briques cimentées avec du bitume ; six chars pouvaient passer de front sur leur plate-forme. Un fossé rempli d'eau et revêtu de briques de tout côté entourait cette vaste enceinte, et la terre qu'on en avait tirée avait été employée à faire les briques dont les murailles étaient construites.

De chaque côté de ce grand carré, vingt-cinq grandes portes d'airain massif donnaient passage à autant de rues, lesquelles aboutissaient aux portes du côté opposé. Cinquante larges voies tirées au cordeau traversaient donc la ville, qu'elles coupaient à angles droits. Elles étaient bordées de temples, de palais, d'édifices publics, de maisons hautes de plusieurs étages, carrées, aux toits plats, et dont le devant était décoré d'embellissements très-divers. Ces maisons n'étaient point contiguës ; de chaque côté un vide les séparait les unes des autres, et toutes d'ailleurs étaient assez distantes des murs. De cette manière, Babylone était plus grande en apparence qu'en

réalité : près de la moitié de la ville se trouvait occupée par des jardins et des terres labourables.

Une branche de l'Euphrate traversait la ville du
nord au midi. De chaque côté du fleuve, et pour servir
de quai, on avait bâti une grande muraille de briques et de bitume, de la même épaisseur que les
murs. En face des rues qui se dirigeaient vers le fleuve,
près du fleuve lui-même, on avait placé des portes
d'airain avec des descentes qui conduisaient à des
bateaux sur lesquels on traversait l'Euphrate avant
l'établissement du pont. Ces portes étaient ouvertes
le jour et fermées la nuit.

Ce pont, qui fut bâti plus tard, avait quatre cents
toises de long sur trente de large ; ses arches étaient
formées de grosses pierres liées ensemble avec des
chaînes de fer et du plomb fondu. Pour construire
ce pont, il avait fallu mettre le fleuve à sec et détour-
ner son cours, travail que l'on avait effectué à l'aide
d'un lac vaste et profond creusé pour recevoir les
eaux, ouvrage immense et qui supposait une science
d'hydraulique qui nous surprend, dans notre temps
où l'industrie a fait tant de progrès.

Aux deux extrémités du pont étaient deux vastes
palais communiquant ensemble par une voûte construite sous le lit du fleuve. Déjà un tunnel à cette époque
si reculée ! Du côté de l'orient, c'était le vieux palais
des rois ayant trente stades, c'est-à-dire une lieue et
demie de tour ; à l'occident, on voyait le nouveau palais, environné d'une triple enceinte de murailles, séparées les unes des autres par un espace assez consi-

dérable, et embellies de sculptures, dans un circuit de trois lieues.

C'est dans ce dernier palais que se trouvaient les jardins suspendus, si fameux parmi les Grecs. Ces jardins, formant un carré dont chaque côté avait bien quatre cents pieds, se composaient de terrasses en forme d'amphithéâtre, dont la plus haute égalait la hauteur des murs de la ville. On montait d'une terrasse à l'autre par un large escalier. La masse entière était soutenue par deux voûtes superposées, et fortifiée d'une muraille de vingt-deux pieds d'épaisseur qui l'entourait de toutes parts. Au sommet de ces voûtes, sur la plate-forme, et après diverses couches de roseau, de bitume, de briques et de plomb, établies pour maintenir l'humidité de la terre végétale, était placée cette même terre, couche assez profonde pour que les plus grands arbres pussent y prendre racine. Toutes les terrasses étaient couvertes de ces beaux arbres, aussi bien que d'autres arbustes et de fleurs odoriférantes. Sur la plus haute on avait placé une pompe qui ne paraissait point, et au moyen de laquelle on tirait de l'eau du fleuve pour arroser les jardins.

Le temple de Bélus était situé près du vieux palais. Au centre s'élevait une tour carrée d'une très-grande hauteur. Elle consistait en huit tours bâties les unes sur les autres, qui allaient toujours en diminuant, et réunies par un escalier tournant, à l'extérieur. L'aspect général qu'offrait ce grand édifice était celui d'une pyramide. On a pu regarder ce monument comme étant la tour de Babel, construite par les fils de Noé dans la plaine de Sennaar, et qui avait occasionné la dispersion des hommes. Quoi qu'il en soit, la tour de Bel ou Bélus, consacrée en effet à ce dieu, possédait d'immenses richesses en statues, tables, coupes et vases des matières les plus précieuses. Au sommet se trouvait un observatoire, à l'aide duquel les Chaldéens avaient fait de mémorables découvertes en astronomie.

Cette description, dont les traits comme nous l'avons dit, sont empruntés aux historiens grecs, est bien précieuse pour fournir une idée de la plus célèbre ville de l'Orient. On se représente parfaitement la grande cité chaldéenne, ses beaux quartiers et ses bazars ; on peut voir le mouvement commercial de la cité, les hommes en turbans et en longues robes blanches ornées de franges, les femmes qui, par une exception unique chez les peuples de l'Asie, jouissaient d'une entière liberté, et se répandaient dans la cité le visage découvert. On peut enfin reconstruire la grande Babylone, se promener dans les rues antiques, et se donner le plaisir d'évoquer les lointaines traditions des plus vieux âges. Maintenant, il faut voir ce que devint cette célèbre ville, quelles alternatives elle eut à subir, et comment sa chute fut encore plus mémorable que sa gloire.

II.

Nabuchodonosor parmi les splendeurs de Babylone ; sa ruine, sa chute prophétisées ; prise de Babylone par les Perses ; qu'est devenue cette grande ville ?

La plus grande partie des grandes choses faites à Babylone avaient été l'œuvre de Nabuchodonosor. Ce roi à qui Dieu avait donné de si grands triomphes sur tous les peuples et sur le peuple choisi, réduit en servitude, s'était égaré dans son orgueil ; il n'avait pas voulu tenir compte du songe que Dieu lui avait envoyé et des menaces qu'il lui avait fait entendre. Se promenant un jour dans son grand palais, et admirant la magnificence de ses bâtiments : « N'est-ce « pas ici, disait-il, cette grande Babylone que j'ai « bâtie dans ma puissance et dans l'éclat de ma gloire « pour en faire le siége de mon royaume ! » A peine avait-il achevé ces mots, qu'une voix retentit du ciel et lui dicta son arrêt. A l'heure même, il perdit le sens et fut chassé de la compagnie des hommes : son corps se couvrit de plumes d'aigle, ses ongles s'allongèrent comme les griffes des oiseaux, il erra comme une bête en proie aux injures de l'air, se nourrissant de l'herbe des campagnes.

Mais quand le temps marqué fut accompli, l'esprit et le sens lui revinrent ; il leva les yeux vers le ciel, bénit le Très-Haut, et reconnut que son empire est éternel, que tous les habitants de la terre sont devant lui comme un néant, qu'il fait tout ce qu'il lui plaît,

au ciel et sur la terre, et que jamais personne ne ré-
siste à sa main souveraine.

Cependant Babylone vit sa puissance s'étendre encore sur les rois qui suivirent pendant quatre générations, jusqu'au moment où Dieu, ayant fixé le terme
de l'expiation de son peuple, avait décidé que cette
ville superbe serait humiliée et enchaînée à son tour.

Cyrus, maître de la Médie, de la Perse, de l'Asie
Mineure, vainqueur de Crésus, à la voix de Dieu qui
l'appelle son Christ, et lui ordonne d'aller briser les
fers de son peuple, pénètre dans l'Assyrie, et marche
sur Babylone. Désespérant de prendre la place d'assaut, à cause de la hauteur des murailles de cette
ville et de la multitude d'hommes qui la défendaient,
il fit tirer une ligne de circonvallation avec un fossé
large et profond, et attendit, comme s'il eût songé à la
réduire par la famine, de sorte que les assiégés, fiers
de leurs murailles, de leurs arsenaux, de leurs approvisionnements, du fleuve qui les défendait, insul-
taient à Cyrus, ne redoutaient point sa victoire, et
continuaient de se livrer aux plaisirs et aux festins.

Vous savez par l'histoire sainte tous les détails de
la nuit suprême de Babylone, quand le roi Balthazar, parmi les magnificences orientales d'une fête
nocturne, ayant fait apporter les vases d'or et d'argent enlevés de Jérusalem, y but avec toute sa cour
pour insulter au dieu d'Israël. Tout à coup on vit paraître sur les murs de la salle du banquet des caractères terribles et flamboyants que le prophète Daniel
expliqua, annonçant au roi que Dieu avait compté

les jours du monarque et en avait marqué la fin ; qu'il avait été pesé dans la balance et trouvé trop léger, que son royaume était divisé et donné aux Mèdes.

La prophétie s'accomplit le jour même par un stratagème de Cyrus. Après avoir ouvert de vastes tranchées des deux côtés du fleuve, de manière à pouvoir donner un écoulement aux eaux qui baignaient la ville, Cyrus, cette nuit-là même, fit entrer secrètement des troupes dans le lit du fleuve mis à sec ; et, comme, dans la négligence de la fête, les portes d'airain dont nous avons parlé, qui donnaient ouverture aux descentes vers le fleuve, étaient restées ouvertes, les troupes, pénétrant au cœur de la ville sans trouver de résistance, surprennent la garde, la tuent et se rendent maîtres du palais ; le roi, qui venait à eux l'épée à la main à la tête des plus déterminés, trouve la mort ; ainsi Babylone tomba au pouvoir des Perses.

Les prédictions de la ruine de Babylone sont une des plus admirables parties de l'Ancien Testament. Jérémie et Isaïe l'ont prophétisée ; cent ans plus tard Daniel la raconte : « Babylone, reine superbe entre les royaumes du monde, qui avait porté si haut l'orgueil des Chaldéens, sera détruite ; elle ne sera plus habitée, on ne la rebâtira plus jamais ; les Arabes n'y dresseront pas même leurs tentes, et les pasteurs ne viendront pas y faire reposer leurs troupeaux ; elle sera la demeure des bêtes sauvages, des autruches et des oiseaux nocturnes ; les dragons feront leur demeure dans ses palais détruits. Le Seigneur des armées a fait ce serment : ce que j'ai arrêté s'exécutera. L'impie Balthazar, roi de Babylone, continue d'agir avec impiété. Prince des Perses, partez, et vous, prince des Mèdes, formez le siége de Babylone. — En vain Balthazar disait : « Couvrez la table, mangez et buvez ; en vain cette ville qui habite sur les eaux est fière de sa grandeur, je l'ai juré, dit le Seigneur, et ce que j'ai arrêté s'exécutera. »

Ainsi avaient parlé les prophètes de Dieu, et la menace s'accomplit à la lettre. Par la conquête de Cyrus, Babylone perdit la qualité de ville royale. Xerxès, au retour de son expédition contre les Grecs, détruisit entièrement le temple de Bel, après en avoir enlevé les trésors. Alexandre le Grand entra en grand triomphe à Babylone, où il déploya sa grandeur et sa puissance, avant d'y mourir. Il avait formé le dessein de rebâtir le temple de Bel, dix mille hommes avaient été employés à nettoyer la place. L'ouvrage fut interrompu par la mort du conquérant, et négligé par les Séleucides ses successeurs. Babylone fut peu à peu abandonnée, surtout quand on eut bâti Séleucie, et plus tard Ctésiphon. Lorsque Pausanias la visita, il ne lui restait plus que son enceinte. Cette grande Babylone, dit ce célèbre géographe, la « plus grande de toutes les villes qui furent sous le soleil, » est maintenant réduite à ses murailles. C'était sous l'empereur Antonin.

Et aujourd'hui que demeure-t-il de celle qui fut si longtemps la superbe reine de l'antique Orient ? Rien que des ruines vastes et confuses dans un désert non loin de Bagdad, asile des bêtes féroces, des reptiles et des dragons, comme il avait été prédit; portant dans sa mort le témoignage immortel des menaces de Dieu, qui ne sauraient manquer de s'accomplir sur les hommes comme sur les cités coupables.

Dans le volume du *Portefeuille* qui a pour objet l'Asie, nous avons placé le tableau de l'état actuel de la plaine où fut Babylone et des ruines si remarquables, encore répandues sur le désert qui voyait autrefois s'élever tant de splendeurs, aujourd'hui éteintes.

III.

Ninive : ce que l'on en sait ; son histoire, sa chute ; prophéties qui l'ont annoncée.

Assur, fils de Sem, paraît avoir fondé sur la rive gauche du Tigre la fameuse Ninive, rivale de Babylone et capitale de l'empire des Assyriens. Durant plusieurs siècles, les deux royaumes se maintinrent dans une indépendance mutuelle. Vers l'an 2000, Ninive prévalut. Bélus réunit les deux royaumes, et son fils Ninus, véritable fondateur de l'empire assyrien, agrandit sa capitale et lui donna son nom. C'était aussi une ville admirable, ayant sept lieues de longueur, sur quatre de large, en forme de carré long, et encore vingt lieues de circonférence. Il est dit, dans l'Écriture, que Ninive avait trois jours de chemin, trois jours de circuit sans doute. Les murs avaient cent pieds de hauteur, et une épaisseur assez considérable pour donner passage à trois chars de front;

elles étaient flanquées de quinze cents tours hautes de deux cents pieds. La ville pouvait contenir deux millions d'habitants. Du reste, les historiens nous ont fourni beaucoup moins de détails sur Ninive que sur Babylone, parce qu'elle fut plus promptement détruite, et que les écrivains grecs ne furent pas appelés à la visiter. Il est à croire qu'elle était construite à peu près dans le même système que sa rivale.

Après la mort de Sardanapale dernier roi des Assyriens, vers 760, Ninive et Babylone furent deux capitales de deux royaumes différents. Ce fut pendant ce temps que les Assyriens, sous leurs rois Teglathphalasar, Salmanasar, Sennachérib et Asaraddon, firent tant de guerres au peuple de Dieu ; le royaume d'Israël fut détruit par Salmanasar, en 718, près d'un siècle avant la destruction de celui de Juda par Nabuchodonosor. Alors sous Nabopolassar Ier, père de ce dernier roi, Babylone avait pris le dessus ; il n'y avait plus un roi d'Assyrie, mais un roi de Babylone. Ninive avait été détruite de fond en comble sous Asaraddon, en 625, l'année même de la prise de Jérusalem.

Depuis ce temps, chose étonnante ! il n'est plus question de cette grande ville ; dès lors elle s'efface du monde ; il n'y a pas d'exemple d'une disparition si frappante et si soudaine.

Si l'on ne saurait lire sans un haut intérêt les prédictions relatives à Babylone qui s'accomplirent d'une manière si complète, celles qui regardent Ninive sont encore plus frappantes, parce que le châtiment se fit encore moins attendre ; il frappa comme la foudre, et les peuples se demandèrent où était Ninive, la puissante rivale d'une autre cité promise, elle aussi, aux suprêmes vengeances du Très-Haut.

En effet, durant plus de cent ans, Dieu avait fait prédire par les prophètes qu'il saurait bien venger sur cette ville impie le sang de ses serviteurs, dont les rois s'étaient enivrés. « Ville de sang, s'écrie le prophète Nahum, qui te repais de brigandage, celui qui doit renverser tes murailles approche. Le Seigneur va venger l'injustice faite à Jacob et à Israël. J'entends les chars qui retentissent, les roues qui se précipitent et les chevaux qui hennissent. Je vois les épées qui brillent, et les lances qui étincellent, le bouclier des braves jette des flammes, les yeux des soldats brillent comme des lampes, et leur course est plus prompte que l'éclair. C'en est fait, Ninive est détruite, son temple est renversé jusqu'en ses fondements : ses gens de guerre sont pris, ses femmes sont emmenées captives comme des colombes. Où est maintenant cette caverne où le lion se retirait, apportant à ses lionceaux les bêtes sanglantes qui étaient devenues sa proie ? Le Seigneur prendra Assur ; cette ville si belle sera changée en un désert… La voilà donc, dira-t-on, cette ville qui fut si fière, et qui disait : Je suis l'unique, et après moi il n'y en a pas d'autres. Tous ceux qui passeront au travers d'elle lui insulteront avec des sifflements et des gestes de mépris. » Ainsi parlait le prophète, et vous avez vu comme la sentence s'est accomplie.

De telles prophéties sont ce qu'il y a de plus intéressant dans l'histoire de ces capitales, antiques reines
de l'Orient. Elles ont disparu ces villes, et les menaces de leur chute sont immortelles dans le livre
saint qui les renferme. Nous aimons à citer les prophéties. Les jeunes gens, initiés aux beautés classiques, ne le sont pas assez aux merveilles de cette
poésie sacrée, qui s'élève d'autant plus au-dessus de
la poésie profane, que l'intervention de Dieu se montre plus frappante dans les catastrophes subies par ces
premières capitales de l'ancien monde.

IV.

Ruines de Ninive récemment découvertes ; le musée assyrien, à Paris.

La Providence a voulu, dans ces dernières années,
que les ruines de Ninive, que l'on n'avait pas soup-
çonnées, apparussent aux explorateurs de l'antiquité,
dans le désert où gisent encore les ossements de la
fille d'Assur. Oui, les ruines de Ninive ont été retrou-
vées et décrites, et de magnifiques débris de l'art assyrien, contemporain de ces rois fameux dans l'É-
criture, leur image peut-être, se peuvent voir maintenant dans les musées de Londres et de Paris. Il y a
à Paris un musée assyrien ; entrons-y, et prenons
connaissance des trésors qu'il renferme, comme s'il
nous était permis d'errer sur les bords du Tigre, mais
avec plus de sécurité.

En 1845, un antiquaire italien, M. Botta, découvrit

les ruines de Ninive et fit transporter en France une partie des débris qu'il avait exhumés, au lieu appelé Khorsabad, un des emplacements de l'ancienne capitale des Assyriens. Le plus vaste des monuments d'architecture découverts se composait des salles d'un palais, dans lequel on voyait des colonnes et des bas-reliefs alternés avec des inscriptions. On crut reconnaître que le palais de Khorsabad se rattachait à Sargum, qui n'est autre que le Salmanasar de la Bible. Ainsi ces monuments seraient du septième ou du huitième siècle avant Jésus-Christ. On a trouvé aussi des bas-reliefs ayant trait à l'invasion de Sennachérib dans Samarie, avant la seconde conquête du royaume de Juda et la captivité à Babylone. Ces préliminaires posés, je vais vous conduire à Ninive, c'est-à-dire dans deux salles du musée du Louvre à Paris.

Dans la première on voit encastrés dans les murs de grands bas-reliefs assyriens, représentant des rois et des prêtres dans diverses circonstances de leur ministère royal ou sacré. Ces bas-reliefs avaient reçu des couleurs dont il reste des traces fort sensibles. C'est l'enfance de l'art, mais un art déjà ferme, des touches fières, un mouvement varié qui n'existe pas dans les statues égyptiennes, essentiellement immobiles. On se plaît à étudier, dans ces représentations, le costume oriental, ici dans sa richesse et sa vérité, les mitres imposantes qui s'élèvent sur le front, les robes à manches, décorées de longues passementeries et échancrées des deux côtés sur le devant, de manière à laisser voir par-dessous une tunique à franges, les chaussures ornées, les colliers, les armes, les ornements divers ; les cheveux et la barbe sont frisés, disposés par étages et bouclés avec symétrie. Tout cela évoque aux yeux une époque lointaine, et fait revivre les races efféminées qui ont passé, qui ont régné sur l'ancien monde.

Dans la deuxième salle, on voit s'élever au milieu deux merveilles de l'antiquité, un double colosse de granit représentant le taureau ailé à figure humaine, symbole du monarque qui réunit la puissance, la vigilance agile, la force et la majesté. Ces deux colosses sont pareils, ils portent la même figure mitrée et à barbe étagée ; on ne sait trop s'ils représentent Salmanasar ou bien un dieu, l'Hercule-Soleil, adoré des Assyriens. L'expression des traits peut être admirée, tant elle est fière, pleine d'une énergie sauvage. Le travail est même assez fini pour de la statuaire en granit. Sur l'une des faces de chaque colosse, il y a une figure en pied étranglant un lion sur sa poitrine, et d'un caractère analogue à tout cet ensemble.

En sortant de ce musée et dans la première salle, on peut voir dans des montres, sous des vitrines, des fragments de la pierre de construction du pays, des briques de bitume peintes et historiées. A l'aide de ces simples débris, vous essayerez de retrouver l'aspect des grandes rues de Ninive et de Babylone, à peu près comme avec un os de palæotherium Cuvier reconstruisait une race d'animaux fossiles, disparus de la terre depuis le déluge.

Le musée assyrien a été une grande fondation à Paris; il doit s'augmenter. Celui de Londres est bien plus considérable que le nôtre. Un antiquaire anglais a cru trouver un palais qui remonterait à la dynastie dont Sardanapale fut le dernier roi. Une expédition scientifique française est partie pour recommencer les fouilles, interrompues depuis 1848, et nous rapporter de nouvelles richesses du sol mieux exploré de Babylone, de Ninive, de Memphis et d'Ecbatane.

CHAPITRE II.

THÈBES. — MEMPHIS. — TYR.

I.

Thèbes : sa position ; souvenirs de sa grandeur, ses ruines ; Memphis, son histoire.

Thèbes, la plus ancienne capitale de l'Égypte, a pu le disputer aux plus célèbres villes de l'univers. Ses cent portes, chantées par Homère, sont connues de tout le monde, et lui ont fait donner le nom d'Hécatompyle, pour la distinguer de la Thèbes grecque située en Béotie. On a dit qu'elle pouvait faire sortir ensemble deux cents chariots et dix mille combattants par chacune de ses portes. Osymandias, un de ses rois, avait fait construire à Thèbes un grand nombre de beaux édifices mentionnés par Diodore ; il y avait établi une bibliothèque, la plus ancienne dont il soit parlé dans l'histoire, ayant pour titre le *trésor des remèdes de l'âme.* Le tombeau de ce roi, environné d'un cercle d'or de trois cent soixante-cinq coudées et de sculptures représentant les mouvements des différentes constellations, attestait sa magnificence et les progrès de l'art égyptien.

Cette grande capitale s'élevait dans une vaste et fertile vallée. Les chaînes de montagnes des deux côtés du Nil, la Libyque à l'ouest et l'Arabique à l'est, se rétrécissent, tout en laissant sur les deux rives la place à une plaine dont la largeur de l'ouest à l'est et la longueur du nord au sud sont de trois lieues environ ; cette plaine se ferme au nord, où les deux chaînes de montagnes se rapprochent de nouveau du Nil, tandis qu'elle reste ouverte au sud, où la chaîne occidentale est éloignée du fleuve. L'emplacement de l'ancienne Thèbes fut donc restreint par la nature, mais pourtant assez grand pour contenir une des premières villes de l'ancien monde. Là fut établie la ville aux cent portes, et là, entre les deux rives du Nil, s'étendent aujourd'hui ses vastes ruines.

Thèbes était située des deux côtés du Nil, mais les deux moitiés de la ville n'étaient pas réunies par un pont. Les Égyptiens, ne connaissant pas l'art de construire des arches, ne pouvaient guère jeter un pont sur un fleuve d'une aussi grande largeur que le Nil. La ville était étendue sur toute la plaine. A l'ouest du fleuve se trouvaient surtout les monuments publics, dont on admire les débris, qui se prolongent sans interruption jusqu'au pied de la chaîne Libyque, de sorte que, de ce côté, il devait rester peu de place pour les habitations. Du côté de l'est, on ne trouve les débris des grands monuments que le long du fleuve ; au delà, dans la vaste plaine qui suivait, s'étendait une place suffisante pour la ville proprement dite.

Thèbes a eu sa grande époque sous les rois de la dix-neuvième et de la vingtième dynastie, au temps du grand Sésostris. Depuis cet âge, sa grandeur alla en décroissant. Tombée sous le joug des Perses, elle ne se releva plus. Cambyse, après l'expédition en Éthiopie, où son armée fut en grande partie ensevelie sous les sables, rentra dans Thèbes, qu'il traita avec une grande violence, pillant et détruisant les temples des dieux ; et elle fut encore bien plus délaissée sous les rois grecs successeurs d'Alexandre, quand la gloire antique des Pharaons et la civilisation grecque eurent trouvé leur confluent par la fondation d'Alexandrie dans le Delta. Du temps du géographe Strabon, contemporain de l'empereur Auguste, Thèbes n'offrait plus que les débris de ses grandeurs répandues dans un vaste espace le long du Nil. A peu près vers le même temps, sous Tibère, Germanicus, parcourant l'Égypte, visita, dit Tacite, les grandes ruines de Thèbes. Des caractères égyptiens tracés sur des monuments d'une structure colossale attestaient encore l'opulence de cette antique cité. Un vieux prêtre, qu'il pria de lui expliquer les inscriptions, exposait que la ville avait contenu jadis soixante-dix mille hommes en âge de faire la guerre ; qu'alors le roi Rhamsès avait conquis la Libye, l'Éthiopie, la Médie, la Perse, la Scythie ; tout ce qui s'étend de la mer de Bithynie à celle de Lycie avait appartenu à son empire. C'est ce Rhamsès qui est appelé Sésostris, le grand conquérant égyptien sous lequel Thèbes, avant Memphis, avait brillé de sa plus haute gloire. Et ainsi cette grande cité ne montrait plus que des ruines à l'illustre voyageur romain, *magna vestigia*, selon l'énergique expression de l'historien de l'empire.

Memphis, dans l'Égypte du milieu, fut la seconde capitale de ce royaume. Au temps de la conquête de Cambyse, Memphis avait succédé à la gloire et à la grandeur de Thèbes. Maître de l'Égypte, le conquérant s'établit à Memphis, où il fit mourir le roi Psamménite. Après les cruautés qu'il avait exercées à Thèbes, à la suite de son retour d'Éthiopie, il revint à Memphis. Là, trouvant toute la ville en joie, il pensa qu'on se réjouissait de ses revers ; puis ayant appris des magistrats que la ville était en fête parce qu'on avait trouvé le dieu Apis, il les fit tous mourir comme des imposteurs, qui cherchaient à l'insulter. Comme les prêtres lui firent la même réponse, il commanda qu'on lui amenât ce dieu, et quand il vit que c'était un bœuf, il entra en fureur, tira son poignard, et blessa le pauvre animal. Alors il persécuta les prêtres et fit mourir ceux qui furent trouvés célébrant la fête d'Apis.

Memphis, maintenant, n'est plus qu'une grande ruine couvrant une vaste plaine à peu de distance du Caire. Je ne puis répéter ici ce que j'ai recueilli, dans l'ouvrage mentionné plus haut, sur les ruines de Thèbes, et sur les monuments que le sol de l'Égypte conserve encore. Mais je ferai mieux ; pour varier ces études un peu sévères sur les plus anciennes cités du monde, je continuerai à transporter mes jeunes lecteurs dans cet Orient féerique, sans leur faire quitter Paris, en les promenant dans notre Musée national, immense dépôt où tous les âges ont apporté le tribut de leur génie et de leur art. Ninive est à Paris ; Thèbes et Memphis s'y rencontrent également.

II.

L'Égypte à Paris, au Louvre ; l'obélisque de Sésostris sur la place de la Concorde.

La collection des antiquités égyptiennes au Louvre est placée au rez-de-chaussée, dans une grande salle où l'on entre par la porte de l'aile de l'est, à gauche, sous la colonnade.

Ici le visiteur entre dans un monde tout autre que celui des autres collections. Ce n'est plus l'art grec, dans sa beauté éminente et poétique ; ce n'est plus l'art assyrien, avec ses formes hautaines et hardies : c'est un art immobile et sans progrès, qui ne s'est jamais proposé de réaliser la beauté idéale comme les artistes grecs. Il est impossible de parcourir cette salle et d'envisager ces mornes monuments, généralement de granit noir, et dont l'uniformité est presque absolue, sans éprouver un sentiment fort vif, celui que produit toujours la contemplation des ruines ou des monuments qui se rattachent aux plus anciennes traditions de l'ancien monde. Ces débris ont été contemporains des temps bibliques, antérieurs même à l'existence du peuple hébreu dans la Palestine. L'imagination aime à se plonger dans ces profondeurs. Il y a ici des monuments égyptiens qui remontent au dix-huitième siècle avant l'ère chrétienne. Il y a des stèles ou colonnes hiéroglyphiques se rapportant à la douzième dynastie. Celle qui en fournit le plus grand nombre est la dix-neuvième, à laquelle appartenait Rhamsès ou Sésostris, qui florissait vers 1450 avant J. C. On pense que ce conquérant célèbre fut le fils du Pharaon qui périt dans la mer Rouge en poursuivant les Hébreux. Quoi qu'il en soit, cette époque de la dix-neuvième dynastie est la plus haute, la plus grande époque de l'art et de la civilisation en Égypte. Mais cet art se développa peu et ne changea pas de caractère jusqu'à la fin.

Au fond de la salle égyptienne s'ouvre un vaste escalier, au sommet duquel se trouve une superbe ordonnance architecturale, sous laquelle vous admirez un monarque égyptien, assis les mains appuyées sur les genoux, en beau marbre égyptien transparent ; puis vous entrez dans les salles d'archéologie égyptienne, qui se succèdent au nombre de trois et contiennent, non plus les monuments de la statuaire, mais les objets de la vie journalière des Égyptiens, trésors archéologiques, rangés dans un très-bel ordre, et que l'on ne parcourt pas sans émotion. Là, se voient tous les objets de la vie domestique, des vases égyptiens de toutes les formes, des momies d'oiseaux, d'animaux et d'hommes d'une parfaite conservation, des palettes sur lesquelles sont encore les couleurs, des portraits, des tissus, des bagues, des scarabées, des colliers, des harpes contemporaines de celles du roi David, du blé, même du pain, recueilli dans les tombeaux; enfin, des manuscrits égyptiens de toutes les époques et de toutes les dimensions. En vous promenant dans ces trois salles, vous vivez de la vie de ces vieux âges; vous êtes transporté auprès d'une famille égyptienne, une de celles, si vous le voulez, dont les corps sont encore là devant vos yeux sous leurs bandelettes; vous relevez ces bazars remplis des mille objets qui comparaissent ici, vous assistez enfin à tous les détails d'une journée dans une riche maison de Memphis ou de Thèbes.

Mais ce n'est pas tout : si c'est la ville de Thèbes, la ville aux grandes ruines que nous voulons visiter, sans sortir de notre propre capitale, allons sur la place de la Concorde, et considérons l'obélisque de Louxor.

Les obélisques, monolithes et aiguilles de pierre, étaient placés par les Égyptiens deux à deux, en avant de la principale entrée des temples et des palais. Celui de Louxor, que nous admirons à Paris, est très-beau, en granit rose, et d'une grande élévation. Il fut extrait de la carrière et taillé, sous le règne de Rhamsès II, vers 1580 avant J. C.; mais il ne fut érigé que sous Rhamsès III son fils, Sésostris, qui le fit placer à la porte de son palais à Thèbes. Les bas-reliefs qui sont sous chaque face représentent des allégories, des rois prosternés devant des dieux et leur offrant du vin. Du côté de la Madeleine, on voit le vautour, symbole de la victoire, planant au-dessus de la tête du roi. Le nom de Rhamsès y est souvent rappelé, et l'on y constate les célèbres victoires de Sésostris. Du côté du pont Louis XVI on voit le roi, coiffé d'une sorte de mitre, symbole de sa puissance, et surmontée du soleil ailé; il fait ses offrandes au dieu. On y lit des éloges au roi, fils des dieux, fils du soleil, dont le nom est stable comme le ciel, et qui vivra comme le soleil lui-même, lui, monarque mémorable qui tient les chefs de la terre sous ses pieds.

Il eut une grande pensée, celui qui, ayant fait venir à Paris cet admirable monolithe, lui donna la place qu'il occupe, où il s'harmonie d'une si grande manière avec les grandes lignes qui s'étendent devant lui sur ses quatre côtés. De plus, la place Louis XVI, place de la Révolution, place de la Concorde, gardait sur son sol de si funestes souvenirs, que ce monument, contemporain des plus vieux siècles, placé en cet endroit, porte avec lui un haut enseignement. L'obélisque parle éloquemment de la fuite des générations; symbole de l'infini, il détourne la pensée des choses mobiles du temps, et les reporte sans effort vers la région du ciel et de l'éternité.

III.

Tyr : son origine, sa puissance ; sa double chute ; grands souvenirs
bibliques.

Après Babylone et Ninive, il y avait encore de
grandes capitales en Asie, dans ces âges reculés ; il y
avait Ecbatane pour la Médie, Persépolis pour la
Perse ; je ne puis insister sur toutes ces villes renommées ; j'en ai parlé dans le volume sur l'Asie, mais
je dois m'arrêter sur Tyr, capitale de la Phénicie,
et entrer dans quelques nouveaux détails.

Tyr, fondée vers 1900 avant J. C., fut détruite par
Nabuchodonosor, roi de Babylone, vers 572. Cette
première ville était située sur la côte de Phénicie, au
sud de Byblos. Une seconde Tyr fut bâtie, dans une
île voisine, par les restes des Tyriens qui s'y étaient
réfugiés. Celle-ci fut très-forte par ses remparts et
par le détroit qui la séparait du continent. La nouvelle
Tyr fut prise en 332, par Alexandre, qui joignit l'île
au continent par une digue, un des chefs-d'œuvre du
génie militaire dans l'antiquité. C'était une ville renommée par son vaste commerce, par son activité,
ses colonies, ses comptoirs, ses voyages maritimes,
ses découvertes. Cadix en Espagne, Carthage et Utique
en Afrique, étaient ses colonies ; toute l'antiquité a
célébré la puissance de cette reine de la mer. Vous
connaissez le beau passage que Fénelon dans Télémaque a consacré à ce grand souvenir. J'emprunterai
ici au Voyage en Terre sainte du P. Géramb le fond et

les détails de ce que je vais rapporter sur les souvenirs historiques et bibliques que l'ancienne capitale de la Phénicie a laissés dans l'univers. Vous aimerez à lire encore les admirables prophéties qui ont annoncé la ruine de Tyr.

Les histoires et les monuments s'accordent à représenter la ville de Tyr comme une des plus florissantes villes du monde ancien. Maîtresse de la mer, centre du commerce de l'Orient, attirant de tous les pays à ses marchés tout ce qui pouvait l'enrichir par la vente ou l'échange des marchandises de luxe, devenue nécessaire et redoutable à tous les peuples, qu'elle traite en nations assujetties, insultant au malheur de Jérusalem, et continuant à la dépouiller de ses plus précieux trésors pour en faire hommage aux infâmes divinités qu'elle adorait, telle fut Tyr; elle mérita qu'enfin le Ciel fît éclater sur elle les menaces de sa colère.

Devant les débris de l'orgueilleuse Tyr, j'ouvris Ézéchiel, dit l'éloquent pèlerin, et je lus : « Voilà que je viens sur toi, ô Tyr, et je ferai monter contre toi plusieurs peuples comme monte la mer avec ses flots. J'amènerai du septentrion le roi de Babylone, avec des chevaux, des chars de guerre et un peuple nombreux ; il tuera par le fer tes filles qui sont dans les champs, il s'environnera de forts et de retranchements, et il lèvera le bouclier contre toi. La multitude de ses chevaux te couvrira de poussière, le bruit de la cavalerie et des roues des chars ébranlera tes murs, quand il entrera dans tes portes comme dans une ville ruinée. Le pavé de tes rues sera foulé par le pied des chevaux, ton peuple sera immolé par le glaive, tes statues seront renversées ; ils dévasteront tes richesses, ils pilleront tes marchandises, renverseront les murs de tes maisons splendides, jetant au milieu des eaux tes marbres, tes bois, ta poussière ; le bruit des concerts et des harpes ne se fera plus entendre dans tes murs ; et tu seras semblable à une pierre lisse ; tu seras un lieu à sécher les filets, et tu ne seras pas rebâtie avec la même magnificence.

« Voici ce que dit le Seigneur : Les îles ne trembleront-elles pas au bruit de ta chute, aux gémissements de ceux qui seront immolés dans tes murs ? Les princes de la mer descendront de leurs trônes, et quittant leurs vêtements d'honneur, ils s'assiéront à terre frappés d'étonnement de ta chute soudaine, et ils diront : Comment as-tu péri, ville superbe qui habitais dans la mer, si forte au milieu de tes habitants, que redoutait tout l'univers ? »

Après avoir lu ces terribles anathèmes, poursuit le P. Géramb, je méditai quelques instants en présence des ruines que j'avais sous les yeux, sur ce long siége à la suite duquel Nabuchodonosor, exécuteur des vengeances divines, réduisit en cendres la ville insensée qui avait osé se croire forte contre le Très-Haut. Et mes pensées se portèrent sur les siècles suivants où, redevenue riche et puissante, corrompue par l'orgueil, elle perdit, avec le souvenir de ses crimes, celui des châtiments qu'ils lui avaient attirés. J'ouvris Isaïe, et je lus :

« Hurlez, vaisseaux de la mer, parce que le lieu d'où les navires avaient coutume de faire voile a été détruit ; la nouvelle de sa ruine viendra de Céthim. Gardez le silence, vous qui habitez Tyr ; les marchands de Sidon passaient la mer pour venir remplir vos ports. Elle était devenue le centre du commerce de toutes les nations. N'est-ce pas là, dira-t-on, cette ville si fière, qui se vantait de son antiquité ? Ses enfants fuiront bien loin, à pied, dans les terres étrangères. Et qui donc a prononcé cet arrêt contre Tyr, la reine des villes, dont les marchands étaient des princes, les trafiquants des grands de la terre ? C'est le Seigneur des armées, pour abattre l'orgueil de toute gloire et traîner tous les grands dans l'ignominie. Le Seigneur a étendu sa main sur la mer : il a ébranlé les royaumes, il a donné ses ordres contre Chanaan, pour réduire en poudre ses plus vaillants hommes. Et il a dit : Fille de Sidon, tu ne te glorifieras plus à l'avenir avec tant de faste ; lève-toi, fais voile vers Céthim, tu n'y trouveras plus même du repos. Hurlez, vaisseaux de la mer, parce que toute votre force est détruite (1). »

Cette seconde prédiction se réalisa deux cents ans après la première ruine de Tyr. Alexandre le Grand avait été chargé d'accomplir les oracles d'Isaïe, contre cette ville, qui avait recommencé à s'élever au-dessus des peuples et de Dieu.

Malgré les trésors qu'elle avait entassés comme la poussière, malgré la force et la hauteur de ses rem-

____

(1) Is., 23.

parts et la ceinture des eaux qui l'environnait, et la multitude de ses vaisseaux qui la faisaient reine de la mer ; malgré les efforts du courage, le stratagème de la ruse, l'acharnement qu'inspire le désespoir, elle dut succomber sous les coups d'un ennemi qui n'avait pour lui ni l'or, ni l'argent, ni les remparts, ni les eaux, ni les vents, ni les tempêtes, et qui ne combattait, lui et ses héros, qu'avec cette force de volonté, cette intelligence que Dieu donne aux exécuteurs de ses vengeances.

Il ne reste plus aujourd'hui sur les cendres de Tyr que quelques tas de pierres couverts d'herbes et de graviers, et des masures éparses, dont les habitants chrétiens et turcs, également pauvres, vivent principalement de la pêche. Il n'existe pas de vestige de la fameuse digue par laquelle Alexandre avait joint l'île au continent.

CHAPITRE III.

JÉRUSALEM.

I.

Son origine ; son accroissement sous David ; description du temple de Salomon.

Voici le plus grand nom, le plus auguste parmi ceux des cités qui ont passé sur la terre depuis l'origine du monde. C'est ici la seule capitale antique

où le vrai Dieu ait été connu et adoré. Capitale
d'une terre qui a été, comme s'exprime Chateaubriand,
sillonnée par les miracles, et dans laquelle s'est accompli le plus grand de tous les événements, le plus sublime des mystères de Dieu, l'œuvre de la rédemption
du genre humain par l'immolation de la victime éternelle, Jérusalem intéresse assez vivement par elle-
même, à part de son état actuel, de ses ruines, de
sa cité désolée, pour que l'on aime à remonter à ses
temps antiques, à la revoir en imagination dans le
temps de sa gloire, dans la splendeur de son temple
élevé au Dieu vivant, telle qu'elle apparaissait avant
le temps de ses suprêmes catastrophes.

David, vainqueur de toute la Palestine, quitta Si-
chem, sa capitale, pour venir s'établir à Jérusalem.
Cette ville n'avait été d'abord qu'une forteresse sur le
mont Sion : son nom était Salem. Quand un chef cha-
nanéen, Jébus, s'en était emparé, il avait réuni son
nom à celui de la cité nouvelle, qui s'était ainsi appelée, par altération d'une lettre, Jérusalem. Le roi d'Israël, ayant chassé les Jébuséens qui la tenaient encore,
la jugea, par sa forte position, susceptible d'être la
métropole de sa vaste domination.

David en fit une cité considérable ; il se fit construire un palais sur le mont Sion, à côté de la citadelle ; puis, sur les flancs de la montagne, la ville se
répandit ; il y eut des places, des édifices publics, des
constructions particulières, à l'aide des bois de cèdre
que fournit au roi d'Israël son allié, le roi de Tyr,
Hiram.

Le successeur de David, le sage et puissant Salomon, agrandit Jérusalem, et acheva de lui donner les limites qu'elle conserva au temps de sa plus haute prospérité; il fit bien plus, il éleva le temple.

La grande merveille du règne de Salomon, dit M. Poujoulat dans son intéressante Histoire de Jérusalem, c'était la réalisation du vœu que David avait emporté dans la tombe : il n'y avait alors que deux pays qui connaissaient les arts, l'Égypte et la Phénicie ; le voisinage invitait à recourir aux Phéniciens. Dans une lettre adressée au roi Hiram, Salomon lui rappelle les cèdres envoyés à David, son père, pour servir à bâtir son palais, et lui demande son assistance afin d'élever un temple magnifique au Seigneur. Hiram seconda les vœux de son allié, et lui expédia en immense quantité les bois du Liban par le port de Joppé. A la voix de Salomon, plus de cent mille ouvriers, dont beaucoup d'esclaves, furent employés à porter les fardeaux, à tailler des pierres, à surveiller les travaux, à la bâtisse et à la charpente, ceux de Tyr étaient surtout chargés des travaux d'art. Le temple fut construit après un intervalle de sept ans. Nous allons en donner les détails d'après l'habile écrivain que nous venons de citer.

Le temple était divisé en quatre parties dans l'ordre qui suit : 1° le parvis des Gentils et des Israélites non purifiés, vestibule extérieur, entouré d'une galerie avec quatre grandes portes en bronze recouvertes de lames d'or ; 2° le parvis des Juifs, sorte de vestibule intérieur, où les Israélites, hommes et femmes, ayant la pureté légale, priaient et écoutaient l'enseignement religieux. Là, sur l'autel des holocaustes, coulait soir et matin le sang des animaux, et les prêtres entretenaient un feu perpétuel ; on y voyait aussi dix lavoirs d'airain, le siége du roi, celui des musiciens et des chanteurs. Deux colonnes de bronze étaient placées sur le seuil de ces parvis.

En troisième lieu, les parvis des prêtres. Sur ses portes de cèdre revêtues de lames d'or, on avait sculpté des pampres et des grappes de raisin. A ses portes étaient suspendues des voiles de lin, où se mêlaient des fleurs de couleur de pourpre, d'hyacinthe et d'écarlate. Là se trouvaient l'autel des parfums, le chandelier d'or à sept branches (dont chacune ornée de trois coupes, de trois grenades et de trois lis, portait une lampe entretenue avec de l'huile la plus pure), la table des douze pains de proposition, le bassin, ou mer d'airain, soutenu par douze bœufs également d'airain, groupés par trois, aux angles. Les prêtres, revêtus de la tunique de lin, et le front ceint d'une mitre, avaient seuls le droit de pénétrer dans ce parvis. Enfin venait la quatrième division, la maison intérieure, le Sanctuaire, le Saint des Saints, orné avec la plus entière magnificence. Là était déposée l'arche d'alliance ; des chérubins de dix coudées de haut, déployant des ailes de cinq coudées au-dessus de l'arche et de la table d'or du propitiatoire, offraient l'image des anges inclinés devant la majesté de Jéhovah ; un grand voile de soixante-quinze pieds de hauteur séparait le saint des saints du reste du temple. Le grand prêtre seul y entrait, une fois chaque année.

Le terrain du temple comprenait sept cent quarante-six toises de circuit ; l'ensemble était carré, cinq cents toises par côté ; la façade à l'orient. Le toit était hérissé de pointes d'or pour écarter les oiseaux. Il y avait une grande porte extérieure à chacun des quatre points cardinaux : celle de l'orient, porte royale, était si épaisse, qu'il fallait vingt hommes pour la faire tourner sur ses gonds. Un grand nombre de chambres, semblables à des pavillons, donnant l'une dans l'autre, et destinées aux prêtres de semaine, formaient comme des galeries supérieures autour de l'édifice. Enfin, si l'on veut se représenter l'effet général de ce grand monument, il faut se reporter aux temples de l'Égypte dont les grandes ruines qui subsistent et les descriptions nous donnent une idée fort claire. Toutefois le temple de Jérusalem devait se distinguer des temples de Thèbes et de Memphis par la recherche des ornements et des brillants détails, goût particulier aux peuples de Phénicie.

L'Écriture nous fait connaître la magnificence de la dédicace ; elle décrit avec un soin curieux l'ordre de la cérémonie et le costume des lévites et du grand prêtre. L'aspect de l'Orient, l'état de ses arts, achèvent de se peindre dans ces détails où apparaissent la richesse de Salomon et la splendeur même artistique qui présidait à ces pompes. Par exemple le Livre des Rois ne dédaigne pas de décrire le trône d'ivoire et d'or de Salomon. Deux bras soutenaient le siége de chaque côté,

et près de ces deux bras deux lions étaient debout ; le
trône avait six marches avec douze lionceaux, six
par chaque côté. C'est dans cet appareil de sa gloire
que Salomon reçut les hommages des nations, et que,
du fond de l'Arabie, la reine de Saba vint se prosterner devant lui.

II.

**Vue générale de la ville avec le temple ; sa ruine ; Jérémie.
Son rétablissement, sa dernière époque antique.**

Maintenant il nous est facile de nous faire une vue
d'ensemble de Jérusalem, la cité de David et de Salomon, dans le temps de sa plus haute gloire. Jérusalem était située dans un pays montagneux à l'ouest
de la mer et à neuf heures du Jourdain, à l'est. Au
sud-ouest le mont Sion portait à sa pointe la plus élevée la forteresse, le palais des rois, avec ses dépendances et le tombeau de David. Au couchant, et au-
dessous du mont Sion, le mont Acra contenait la
ville, les habitations jetées en amphithéâtre. Le temple
s'élevait sur le mont Moriah, à l'est, en tournant vers
le nord. Dans toute la longueur, à l'est, entre la ville
et le mont des Oliviers, s'étendait, ou plutôt s'étend,
l'étroite vallée de Josaphat, sillonnée par le torrent de
Cédron. Au midi, le ravin de Géhennon. Les toits des
maisons étaient plats et formaient autant de terrasses
couronnées de festons verdoyants, et bordées de balustrades, où les familles, vêtues à peu près comme
les Arabes d'aujourd'hui, respiraient la fraîcheur du

matin et du soir. Il n'y avait pas de jardins dans la ville. Ils se trouvaient tous hors des murs, près de la fontaine de Siloé, au pied oriental du mont Sion.

L'enceinte de Jérusalem avait deux lieues de circonférence ; d'épais remparts, avec douze portes d'une belle architecture, munies de fossés et de forteresses, environnaient la ville, qui pouvait bien compter cent mille habitants. Ses alentours durent être toujours peu fertiles, terrain sec et pierreux, coupé seulement et diversifié agréablement par les oliviers et les palmiers, qui ont toujours crû en abondance sur le sol de la cité sainte.

Ainsi, cette grande cité, Jérusalem, traversa sous ses rois trois siècles d'une gloire souvent compromise par les revers que lui suscitèrent ses fréquentes infidélités. Elle succomba enfin, en 693 avant Jésus-Christ, sous les armes de Nabuchodonosor, qui la détruisit de fond en comble. Les prophètes qui avaient si merveilleusement prédit la ruine des fières capitales ennemies et rivales de Jérusalem abondent en prédictions formidables contre leur patrie coupable. Nous ne pouvons les rapporter ; mais, après avoir montré la cité de David dans sa plus haute splendeur, il faut la voir dans sa chute, voir comment le prophète Jérémie, assis parmi ses ruines, faisait entendre le chant de douleur le plus expressif que jamais la ruine d'une patrie ait fait jaillir du cœur d'un citoyen, d'un poëte et d'un prophète à la fois :

« Comment cette ville, pleine de peuples, est-elle maintenant assise, solitaire et désolée? La maîtresse

des nations est devenue comme veuve, la reine des
provinces a été assujettie au tribut. Elle n'a point cessé
de pleurer pendant la nuit, et ses joues sont remplies
de ses larmes. De tous ceux qui lui étaient chers, il
n'y en a pas un qui la console; tous ses amis l'ont
méprisée et sont devenus ses ennemis. Les rues de
Sion pleurent, parce qu'il n'y a plus personne qui
vienne à ses solennités; toutes ses portes sont détruites, ses prêtres gémissent, ses vierges sont défi-
gurées par la douleur, ses petits enfants ont été em-
menés captifs devant l'ennemi qui les poursuivait.
Jérusalem, Jérusalem! convertis-toi au Seigneur
ton Dieu!

« O vous tous qui passez par le chemin, considérez et
voyez s'il y a une douleur comme la mienne! La langue
des petits enfants s'est attachée à leur palais dans leur
soif extrême; ceux qui étaient un peu plus grands
ont demandé du pain, et il ne s'est trouvé personne
pour leur en donner. Fille de Jérusalem, à qui te com-
parerai-je? comment pourrai-je te consoler, fille de
Sion? votre douleur est aussi grande que la mer. Jérusalem, Jérusalem! convertis-toi au Seigneur ton
Dieu! »

Jérusalem se relève de ses ruines, par les édits suc-
cessifs de Cyrus, de Darius, d'Artaxerce. Zorobabel
reconstruisit le temple, Esdras rétablit le culte et la
société juive, Néhémie refit les remparts, les Juifs re-
devinrent une nation. Ils avaient rapporté de la captivité leurs livres saints, mais écrits dans le caractère
chaldaïque; les Samaritains retenaient l'ancien carac-

tère hébreu. Il est à croire que le temple fut rebâti d'après des traditions qui restaient du premier, mais sur une échelle moins grande. La ville de Jérusalem reconstruite dut également offrir un aspect analogue à celui qu'elle avait eu sous ses rois ; seulement, après Alexandre, sous les rois grecs d'Égypte et de Syrie, et plus tard sous les Asmonéens, quelque chose de l'architecture grecque se mêla dans la capitale au fond oriental qui dut toujours subsister.

L'histoire évangélique a donné d'assez nombreuses indications topographiques sur la disposition de Jérusalem au temps de Notre-Seigneur, pour qu'il soit possible, même après la ruine apportée par les Romains, et quoique la plupart des constructions aient disparu, de reconnaître dans la ville actuelle les sites, les lieux renommés dans l'histoire antique des Hébreux, lieux augustes qui ont reçu une célébrité plus haute, quand ils sont devenus les témoins des mystères accomplis par l'Homme-Dieu pour la rédemption du genre humain.

Vous pouvez vous donner le plaisir de comparer ce qui précède sur l'ancienne Jérusalem, avec ce que les voyageurs ont raconté et ce que nous avons résumé dans le *Portefeuille*, sur l'état actuel de la cité de David.

CHAPITRE IV.

TROIE ET L'ARCHITECTURE HOMÉRIQUE.

I.

Notions sur la ville de Troie d'après Homère; le palais de Priam.

Après avoir évoqué les illustrations, les souvenirs des plus anciennes cités de l'Orient, nous nous acheminons vers l'Occident, vers la Grèce, à vous si connue par les souvenirs classiques. Toutefois nous sommes encore dans l'Asie, dans l'Asie Mineure; c'est le confluent, le passage d'Asie en Europe, la civilisation orientale qui devient grecque. Nous allons composer ce chapitre avec Homère.

Dans l'Asie Mineure, au revers occidental du mont Ida, dans une vaste plaine arrosée par le Xanthe et le Simoïs, à deux lieues de la mer, florissait vers le douzième siècle avant Jésus-Christ, la grande ville de Troie, capitale du royaume de ce nom. Elle se nommait aussi Ilion, du nom d'un de ses rois, Ilus. C'était une ville d'origine pélasgique; la confédération des Hellènes, jalouse de sa puissance, et qui d'ailleurs avait des griefs à venger, s'unit contre elle, et vint, avec mille vaisseaux, y tenir un siége de dix ans. Troie fut prise enfin et détruite, et sa ruine a laissé un admirable sillon de poésie dans toute l'antiquité.

C'est Homère, le plus grand de tous les poëtes, qui

a répandu cette gloire, il a célébré les combats héroïques soutenus devant Troie par les hommes et les dieux, et nul souvenir n'est plus vivant que celui qu'il a laissé après lui dans les imaginations accessibles à la poésie.

Je vais, fort sommairement, mettre sous vos yeux, d'après Homère, l'aspect de la capitale de l'Asie Mineure, de la ville de Priam, telle qu'elle pouvait être au temps de sa gloire et de ses dernières catastrophes.

Troie était environnée de murs et de tours, donnant passage à de grandes portes; celle dont il est le plus parlé est la porte Scée ou porte gauche. Un hêtre verdoyant se trouvait auprès de cette porte à l'intérieur; et sur la tour ou plate-forme qui la surmontait, le roi et les vieillards de Troie tenaient leur conseil, quand ce conseil ne se tenait pas sur la haute citadelle, aux portes du palais du roi, selon l'usage oriental. Ainsi du haut de la porte Scée, les chefs de Troie étaient témoins de la bataille, et prenaient les mesures de la résistance. Quand Hector, revenant de la mêlée couvert de sueur, est entré sous cette porte élevée, les femmes et les vierges troyennes se pressent autour de lui, et l'interrogent sur le sort de leurs époux, de leurs frères et de leurs amis.

La citadelle, appelée Pergame, était placée sur une colline, sans doute une croupe du mont Ida, de sorte que la ville devait s'élever en amphithéâtre, en montant de la plaine d'Ilion à Pergame. Sur la colline se trouvait le temple de Minerve, dans lequel on conservait le Palladium, et où les Troyennes allaient solennellement porter l'hommage d'un voile à la déesse. Homère ne décrit point ce temple; il serait bien curieux de savoir s'il portait quelque trace des ordres et de ce qui fut plus tard l'architecture grecque. Il y avait de grands édifices, de vastes palais, et surtout celui du roi, décoré, comme dit Homère, de superbes portiques, sans doute sur la ville haute, près du temple et de la citadelle.

On voyait dans ce palais cinquante chambres contiguës et d'un marbre luisant, retraite des fils de Priam et de leurs épouses. En face, dans le haut du palais, s'élevaient douze chambres aussi contiguës pour les gendres du roi avec leurs épouses vertueuses. C'est là qu'Hector rencontre sa noble mère, qui se rendait chez Laodice, la plus belle de ses filles (1).

Cet immense palais devait être un édifice carré, à façades intérieures, puisque les appartements des gendres étaient en face de ceux des fils. Il y avait plusieurs étages; Hélène monte aux appartements élevés où se trouvaient ses femmes occupées à leurs travaux.

Autour de la ville étaient des promenades plantées d'arbres, des piscines, des lavoirs dont il reste encore quelques traces. Troie était une grande cité fort spacieuse : Homère l'appelle trop souvent la bien peuplée, la bien bâtie, la ville aux larges rues, pour que l'on ne soit pas disposé à lui attribuer quelque chose de la grandeur des cités orientales auxquelles elle se rattachait.

(1) *Il.*, I. 6.

Si Homère, dans l'*Iliade*, occupé à décrire les combats qui se livrent dans la plaine, nous donne peu de détails sur la ville même, dans l'Odyssée, ayant à raconter les voyages d'Ulysse à travers la Grèce, et les incidents de son retour dans sa ville natale, il s'étend beaucoup non-seulement sur les mœurs, mais sur l'architecture et les autres arts de cette époque lointaine. Il y a le palais de Ménélas à Sparte, le palais d'Alcinoüs à Schérie, celui d'Ulysse lui-même à Ithaque, sur lesquels Homère a rapporté des détails tellement circonstanciés, que l'on peut bien se représenter, avec un tel guide, l'architecture des temps héroïques.

II.

Description du palais et du jardin d'Alcinoüs.

Ulysse vient d'être jeté par la tempête sur le rivage de Schérie. Après des scènes pleines de douceur et de poésie, la jeune Nausicaa le conduit dans la ville au palais d'Alcinoüs son père. « Tant que nous traverserons les champs, lui dit-elle, toi et mes compagnes, vous suivrez d'un pas fidèle mon char qui te montrera la route. Près du mur élevé dont elle est ceinte, tu verras un vaste et double port dont l'entrée est étroite, les bords occupés par de nombreux vaisseaux mis à sec, et rangés tous avec ordre à leur lieu assigné. Le beau temple de Neptune s'élève au milieu d'une grande place formée de pierres immenses arrachées au fond des carrières ; là, près du port, de-

vant les navires, le roi des Phéaciens a coutume de
tenir son conseil avec les principaux chefs de l'île
placés les uns à côté des autres sur des siéges d'un
marbre éclatant (c. 8). C'est là aussi qu'on bâtit les
navires, que l'on prépare les mâts, les câbles et les
rames. Nos Phéaciens ne manient point l'arc . ils se
plaisent surtout avec les voiles, les avirons, les vaisseaux : ils franchissent avec joie la mer écumeuse (1). »

Voilà bien l'aspect d'une ville maritime et d'un
peuple industrieux. Le héros a reçu les instructions
de la jeune fille, Pallas l'a couvert d'un voile pour
le rendre invisible, et elle le précède avec agilité.
Il suit la longue route « où il voit consacré à Minerve
un bocage de peupliers d'où découle une fontaine, et
qui est entouré d'une prairie. Là, près de la ville,
sont les champs et les beaux jardins d'Alcinoüs. Sans
être aperçu d'aucun Phéacien, il traverse la ville et les
flots de ce peuple illustré par l'aviron. Il admire les
forts, les navires construits avec symétrie, les places
où s'assemblent les héros, les hautes murailles,
bordées de grands dards, dont la ville est entourée
jusqu'au port. Il se trouve, enfin, devant le superbe
palais du roi.

« Le palais élevé du magnanime Alcinoüs brillait
d'un éclat radieux. Des murs d'airain, dont les corniches étaient d'un métal d'azur, formaient la longue
façade et tout l'intérieur de la profonde enceinte ; des
portes d'or fermaient l'édifice innombrable ; sur un
seuil d'airain reposaient des pilastres d'argent soutiens

(1) *Odyss.*, liv. 7 et 8.

de linteaux éblouissants ; les anneaux de ces portes étaient d'or. Aux deux côtés semblaient veiller plusieurs de ces animaux compagnons fidèles de l'homme. Vulcain, avec un art admirable, les avait formés des métaux les plus précieux ; on les croyait animés. Dans l'intérieur se découvrait une salle où l'œil se perdait. Placés contre les murs dans tout le circuit de l'appartement, on voyait des longs rangs de siéges parés de tapis où éclatait une fine broderie, ouvrage des femmes de ce palais. Là, assis, les chefs des Phéaciens coulaient leurs jours en de continuels festins. De jeunes hommes, formés d'or (1), debout sur de riches piédestaux, et tenant des torches éclatantes, éclairaient durant la nuit les heureux banquets. Cinquante femmes, dans ce palais, se livraient à divers travaux ; les unes moulaient le froment doré ; d'autres tournaient le fuseau, ou faisaient voler la navette ; leurs mains s'agitaient comme de hauts peupliers, qui, au moindre vent, secouent à la fois leurs feuilles mobiles. »

Entrons dans les jardins d'Alcinoüs : « Au palais touchait un jardin spacieux, autour duquel était conduite une eau vive ; il embrassait quatre arpents. Là, toutes les espèces d'arbres portaient jusqu'au ciel leurs rameaux fleurissants ; on y voyait la poire, l'orange, la pomme, charme de l'œil et de l'odorat, la douce figue et l'olive toujours verte. Le jardin était terminé par un terrain où régnaient l'ordre et la culture, où croissaient, fleurissaient les plantes les

(1) Sans doute de bois doré.

[illegible]

[illegible] [illegible]
[illegible] dite [illegible] de
[illegible] de ton [illegible]
[illegible] [illegible]
[illegible] qu'[illegible] au
[illegible] tout le
boues rouge
[illegible] reste.
[illegible] [illegible]
[illegible] qui continuais
[illegible]
[illegible] [illegible]
[illegible]
[illegible] d'un [illegible]
[illegible] vole la
[illegible]

LE PALAIS D'ULYSSE À ITHAQUE.

plus variées. Deux fontaines en jaillissaient : l'une, dispersant ses ondes, arrosait tout le jardin ; l'autre, coulait en des canaux jusque sous le seuil de la cour et se versait devant le palais, dans un large bassin à l'usage des citoyens. »

Cette description, toute merveilleuse qu'elle est et assez semblable à un conte oriental, rend néanmoins assez sensible l'aspect d'une cité, d'une grande habitation, d'un palais dans les temps homériques. Ailleurs, aux livres IIIe et XVe, on trouve des circonstances analogues au sujet du palais de Ménélas. La vie des champs et la culture des jardins sont aussi merveilleusement reproduites aux livres XIVe, XVIe et XXIVe dans les scènes si poétiques qui se passent chez Eumée et chez Laërte, le vieux père d'Ulysse. L'espace nous manque pour nous arrêter à tant de récits. Mais c'est surtout dans les détails si nombreux qui regardent le palais d'Ulysse, à Ithaque, que nous pouvons trouver les éléments d'une description assez complète de l'habitation antique.

III.

Le palais d'Ulysse et ses dépendances.

Ulysse est arrivé à Ithaque : déguisé en mendiant, il s'est rendu dans sa maison des champs, auprès de son fidèle Eumée ; mais il faut de grandes précautions au héros pour rentrer dans son palais. Homère nous montre les deux personnages s'acheminant vers la ville.

« Sois mon fidèle conducteur, dit Ulysse à Eumée,

si tu as un bon rameau, remets-le entre mes mains, pour soutenir mes pas. La route, puisque tu le dis, est rude et pénible. En même temps il jette sur ses épaules sa besace toute rapiécée. Eumée lui met entre les mains un rameau fort et noueux; ils partent, des bergers vigilants et des chiens fidèles gardent la cabane. Après avoir longtemps marché par un sentier raboteux, ils approchent enfin de la ville et de la belle fontaine d'où jaillissait une eau limpide et où puisaient les citoyens; ouvrage de plusieurs anciens rois, elle était environnée d'un bocage de peupliers, nourrissons de cette fontaine; la source fraîche tombait à grands flots du sein du rocher; au-dessus était un autel dédié aux nymphes, et où tous les voyageurs offraient des sacrifices et des vœux (1). »

Cependant Ulysse et son compagnon s'approchent du palais et s'arrêtent. Ils se trouvaient devant la porte d'entrée de la cour. A un coin de cette porte, couché sur un tas de fumier qui était placé là jusqu'à ce que les serviteurs du roi vinssent l'enlever pour l'engrais de ses champs, le chien d'Ulysse, Argus, commence à lever la tête, à dresser les oreilles. Il reconnaît son maître Ulysse et veut se traîner jusqu'à ses pieds; mais il n'en a pas la force : il exprime sa joie et ses caresses en agitant sa queue et en baissant ses oreilles; puis il expire après avoir jeté sur le héros un dernier regard.

Nous ne pouvons multiplier les citations; mais, re-

____

(1) *Odyss.*, l. 17.

cueillant par le souvenir toutes les circonstances si dramatiques qui remplissent les six derniers chants de l'*Odyssée*, nous allons faire connaître, dans son ensemble, le palais d'Ulysse.

Après avoir passé le seuil où vient de mourir le bon chien, on se trouve dans une vaste cour, au fond de laquelle s'étend l'édifice en forme de carré long. Au milieu, sans doute vis-à-vis de la porte d'entrée, s'ouvre la grande salle du festin au rez-de-chaussée; elle règne sur toute la longueur de l'édifice; on y entre par un seuil de frêne avec des linteaux formés de solives de bois de cyprès, élevées selon les lois de l'équerre et travaillées avec art. La salle est riche et ornée; les convives mangent assis sur des siéges portatifs, couverts de peaux et de tapis; les principaux siéges sont ornés d'ivoire et d'argent, et une estrade leur est attachée. Les tables aussi sont mobiles, et les esclaves continuellement occupés à les nettoyer et à les charger de mets. Des rangées de colonnes de bois sont établies dans toute la ligne du carré long, les héros y font reposer leurs armes, et le chanteur y suspend sa lyre à des clous. Au fond règnent de vastes placards. Cette salle constitue la plus grande partie du palais : elle s'appelle le Mégaron, et son nom est pris pour celui du palais lui-même.

Il y a deux étages : l'un où se tient la reine, qui entend par le parquet les conversations du Mégaron; l'autre, où se trouvent les chambres destinées au travail des femmes, celles où sont les trésors de diverse nature, sous la garde particulière de la

3.

princesse, comme on l'a vu au palais d'Alcinoüs et à celui de Ménélas à Sparte ; là sont aussi les dépôts d'armes. On ouvre les portes de ces chambres avec une belle clef d'airain, courbée en faucille et au manche d'ivoire. La main dégage une courroie liée à l'anneau, puis elle dirige la clef dans la serrure ; et les superbes battants s'éloignent des deux parts. Un escalier, aboutissant à l'une des extrémités du Mégaron, monte à l'appartement de la reine, et de là à l'étage supérieur. Des couloirs avec des portes dérobées, aboutissant aussi à la grande salle, conduisent, soit aux servitudes où se font les travaux des hommes esclaves, la boulangerie, etc., soit dans la ville elle-même, dont sans doute la principale rue longe une des faces du palais.

Maintenant rentrons dans la grande cour dont nous avons parlé. A droite, la porte du jardin ; à gauche, une autre porte conduit à des cours de servitude, sortes de basses-cours dans lesquelles Ulysse, vainqueur des prétendants, exerce une justice cruelle, en faisant mourir par la corde les servantes qui l'ont trahi. Devant le Mégaron s'étend un long portique, sans doute couvert d'un auvent à la hauteur du premier étage ; à l'extrémité de ce portique il y a une chambre réservée pour les étrangers. Ulysse y est conduit. On a vu la même chose au palais d'Alcinoüs, et dans celui de Ménélas, où Télémaque passe aussi la nuit dans la chambre du bout du portique sonore, appelé constamment de cette épithète, par Homère, peut-être parce qu'il est pavé en dalles.

La cour est encombrée ; il s'y passe beaucoup d'opérations domestiques : c'est là que les prétendants jouent, s'exercent à la lutte et à l'arc, tuent et écorchent les animaux dont les viandes seront ensuite préparées pour leurs festins.

Au milieu de cette cour, ou du moins dans son enceinte, se trouvait la chambre nuptiale d'Ulysse et son lit, ouvrage du héros, que lui-même décrit ainsi : « Dans l'enceinte de ma cour, un olivier verdoyant étendait un vaste feuillage ; le tronc épais était aussi droit qu'une colonne. Il fut le centre autour duquel je bâtis avec des pierres étroitement unies ma chambre nuptiale ; l'ayant couverte d'un beau toit et fermée de portes solides, inébranlables, j'abats la tête chevelue de l'olivier, et polissant avec le fer ce tronc depuis les racines et dans son contour, je le travaille avec art, je l'orne d'or et d'argent et d'ivoire, et j'en fais le soutien de ma couche (1). » Ce détail est curieux pour vous donner une idée de la menuiserie, dans les temps héroïques, et montrer aussi comme les héros et les rois participaient à ces travaux de l'industrie.

On a pu s'intéresser à ces détails, d'ailleurs épars dans l'*Odyssée*, sur le palais d'Ulysse. Il faut étudier ce grand poëme : tant de détails relatifs aux mœurs antiques, joints aux dramatiques circonstances qui accompagnent le retour d'Ulysse, font du second poëme d'Homère le plus intéressant, le plus pathétique récit dont l'imagination d'un conteur ait jamais enchanté les générations.

(1) *Odyss.*, l. 23.

En résultat, cette architecture, soit de la ville de Troie dans l'Iliade, soit de la ville d'Ithaque dans l'Odyssée, devait être bien imparfaite, malgré ses efforts naissants pour atteindre à la beauté idéale de l'art. Comme maintenant en Orient, il n'y avait guère de façades sur la rue ; les maisons étaient massives, aux toits plats. Puis, si vous voulez vous représenter la forme de la bâtisse extérieure, allez dans la bibliothèque Mazarine, à Paris, voir la collection de modèles des constructions cyclopéennes, dont l'origine remonte aux temps héroïques, œuvres des Pélasges, et dont il reste encore d'imposants débris en Italie et en Grèce. Ce sont des murs bâtis avec d'énormes pierres très-bien jointes sans ciment et taillées par losanges irréguliers. Vous aurez alors une idée de ce que devaient être, à l'intérieur, le palais d'Ulysse et celui de Priam, la porte Scée et les tours et les remparts d'Ilion.

Il conviendra aussi de lire quelques articles qui ont été insérés dans le *Journal des Savants,* par M. Raoul-Rochette, vers 1832. On suivra avec émotion les détails topographiques de la plaine du Scamandre. On aimera à reconnaître les derniers débris qui attestent les temps héroïques et marquent encore les champs où fut Troie.

L'ACROPOLE D'ATHÈNES.

CHAPITRE V.

ATHÈNES.

I.

Sa situation ; ses ports ; la ville basse et le rocher ; aspect des rues ; intérieur des maisons ; les gymnases.

Nous arrivons dans la Grèce proprement dite, la Grèce européenne, à son époque la plus glorieuse, la Grèce de Salamine et de Marathon, d'Aristide et de Périclès. Or, puisque nous sommes convenus de nous en tenir aux capitales, et encore aux plus célèbres, nous allons mettre sous vos yeux les principaux traits de la ville d'Athènes, immortelle capitale de la civilisation grecque. Le *Voyage d'Anacharsis* sera notre guide ; avec Barthélemy je puis évoquer devant vous une ombre vivante de la cité de Minerve.

L'ancienne Athènes, dix siècles après que Cécrops l'eut fondée pour en faire le centre des bourgades de l'Attique, c'est-à-dire au temps de Périclès, temps de sa plus haute splendeur, était divisée en trois parties. l'Acropole, point culminant du rocher, le rocher lui-même et la ville basse. Les murs, flanqués de tours et construits à la hâte, du temps de Thémistocle, offraient des fragments de colonnes et des débris d'architecture mêlés confusément avec les matériaux informes qu'on avait employés à leur construction.

De la ville partaient deux longues murailles, do nt

l'une, de deux lieues environ, aboutissait au port de Phalère, et l'autre, moins longue, à celui du Pirée. Elles étaient jointes par une troisième, qui fermait et unissait ces deux ports, ainsi que celui de Munychie placé entre les deux autres. Tout cet espace entre les ports et la ville finit par être très-peuplé, à cause du commerce qui s'y portait; on y trouvait, avec un grand nombre de maisons, la douane, l'administration des ports, l'entrepôt où s'amoncelaient les marchandises du monde connu. On peut regarder qu'Athènes formait une seule ville, depuis l'Acropole jusqu'au Pirée : ce qui pouvait bien lui donner un circuit de sept lieues avec une population de quatre-vingt mille habitants, dont la moitié d'esclaves.

Voilà le pourtour; maintenant prenons une idée de la ville. Nous voulons, je suppose, traverser la ville du bas en haut et atteindre l'Acropolis du côté du sud, seul point par où elle est accessible, en regard du Pirée.

Nous venons de ce port : nous entrons par la porte Dipyle, dans une longue rue qui nous conduit au Pnyx, vaste plate-forme sur une colline isolée, où se tient ordinairement l'assemblée du peuple. La tribune, que l'on croit avoir retrouvée, était dirigée vers le mur; sous les trente tyrans, on la tourna du côté de la campagne, afin de montrer aux Athéniens qu'ils ne devaient plus prétendre à la prééminence sur mer. Le grand quartier du Pnyx conduit au Céramique, ou Tuileries, ainsi nommé des ouvrages en terre cuite qu'on y fabriquait. De là, on traverse le portique royal et un autre plus magnifique, le Pœcile, orné de trophées, de statues, et de peintures de Polygnote et des plus célèbres maîtres. Les portiques étaient fort multipliés à Athènes : les uns isolés, les autres appliqués à des édifices auxquels ils servaient de vestibule ; les philosophes et les gens oisifs y passaient une partie de leurs journées. Le Pœcile donne sur le Prytanée, grande place environnée de bâtiments destinés à des approvisionnements de blé, aux séances des prytanes, et au vaste réfectoire des citoyens qui avaient obtenu d'être nourris aux frais du trésor, pour prix de services signalés rendus à la république. Alors, après avoir gravi plusieurs rues, nous atteignons celle des Trépieds, grande et belle rue ; nous longeons des monuments, des édifices nombreux, des magasins, des marchés, des temples, celui de Bacchus et son théâtre, tout cela le long du rocher. Nous sommes enfin au pied de la rampe de l'escalier qui conduit au sommet, à l'Acropolis.

Avant de visiter la citadelle et les temples qui y sont établis, arrêtons-nous un instant sur cette hauteur et remettons-nous sous les yeux à peu près l'aspect général de la ville de Périclès. En examinant à droite et à gauche, nous aurions vu des rues populeuses, roides et tortueuses, sans alignement, surtout dans la partie ascendante, garnies de boutiques de tout genre, avec des étalages, des enseignes, sans oublier les écriteaux portant maison à vendre et à louer. De distance en distance, des Hermès, statues de Mercure à gaînes et portant des sentences des sages ; des maisons à façade très-simple, aux toits plats, dont les extrémités ont une assez grande saillie sur la rue ; puis la foule se pressant dans ces rues, encombrées de charretiers, porteurs d'eau, crieurs d'édits, ouvriers, gens de cheval, bateleurs de toute espèce, mendiants ; enfin, tout le mouvement de la vie civile et commerciale d'une grande ville.

Si nous entrons par l'imagination dans l'une de ces maisons, nous sommes frappés du luxe qui y règne et contraste avec leur simplicité au dehors. La pièce principale de réception est ordinairement une salle carrée, souvent découverte, ayant au milieu une pièce de gazon, et, des quatre côtés, des portiques donnant communication à des chambres intérieures. Les parois de ces portiques sont revêtus de beaux stucs ; le plafond, s'il existe, est lambrissé de menuiserie ; l'or et l'ivoire sont prodigués dans l'ameublement, et toutes les surfaces sont ornées de délicates peintures. L'appartement des femmes, ou gynécée, séparé de celui des hommes, était d'abord à l'étage supérieur ; puis il a été mis au rez-de-chaussée dans la partie reculée. Un jardin, plus ou moins étendu, se trouve ordinairement derrière l'habitation.

Dans la ville même, et hors de la ville, nous aurions eu à visiter les gymnases, édifices très-importants, et qu'il convient de faire connaître.

Il y en avait trois principaux : le Lycée, les Cynosarges et l'Académie. Celui-ci est le plus célèbre ; il a été immortalisé par le souvenir de Platon, qui y tenait son école. Il était à un quart de lieue de la porte Dipyle, au sud-ouest, sur le chemin du Pirée. D'abord, on trouvait une grande cour carrée, entourée de portiques et de bâtiments ; sur trois côtés étaient des salles spacieuses, où les philosophes et les rhéteurs se tenaient avec leurs disciples ; sur le quatrième côté étaient des pièces pour les bains et d'autres usages. De cette cour on passait dans une autre cour également carrée, ombragée de platanes, au milieu de laquelle les jeunes Athéniens s'occupaient à la lutte et aux divers exercices ; des portiques à l'entour étaient réservés aux promeneurs.

Maintenant, poursuivons notre route, et visitons l'Acropolis.

II.

L'Acropolis : monuments qu'elle renfermait ; description du Parthénon, de la plaine d'Athènes vue du haut de l'Acropolis.

Là se trouve la citadelle ou forteresse d'Athènes, entourée des principaux établissements publics et d'une multitude de statues que la religion et la reconnaissance ont élevées, et que le ciseau de Myron et de Phidias semble avoir animées. D'abord une statue de Minerve, offrande des Athéniens après la victoire de Marathon. Devant la statue est suspendue une lampe d'or, avec une chaîne du même métal, brûlant nuit et jour, et ne recevant de l'huile qu'une fois par an. A côté, et sous la garde de la citadelle, est le trésor public, dont le chef des prytanes, ministre des finances, a la clef. Sur les flancs, aux environs de la citadelle, on voit aussi l'Odéon, théâtre élevé par Périclès pour donner des combats de musique. Sur une colline, à droite, se tient l'Aréopage, ce fameux conseil judiciaire d'Athènes. A gauche, et séparée de l'Aréopage par une petite vallée (car le terrain en est très-inégal, et chaque pointe de rocher porte son monument), est la colline du Musée. Plus près de la citadelle sont les Propylées, portique en marbre que Périclès fit construire avec une grande magnificence ; puis les temples : celui de la Victoire, avec des peintures de Polygnote sur les murs, celui de Thésée et enfin le Parthénon, dont les ruines subsistent, et dont nous pouvons considérer par les souvenirs de l'histoire l'antique grandeur.

Quatre murs, disposés en forme de parallélogramme ou de carré long, constituent la nef ou le corps du temple. Un portique qui règne tout autour, et dont les colonnes, établies sur un soubassement composé de quelques marches, soutiennent un entablement surmonté d'un fronton, ajoute autant de grâce que de majesté à l'édifice, et contribue à la beauté des cérémonies par la foule des spectateurs qu'il peut contenir. De là on entre dans le temple, où sont rangées les offrandes consacrées par la piété des peuples. Il ne tire de jour que par la porte ; il est d'ordre dorique et d'un beau marbre blanc. Tout le long de la frise extérieure de la nef règne une frise où l'on a représenté une procession en l'honneur de Minerve.

Sans sortir de Paris, au musée du Louvre, véritable dépôt de l'art universel où nous avons déjà vu comparaître l'Assyrie et l'Égypte, on peut se faire une idée du talent déployé par Phidias dans la sculpture de ces frises et dans le fronton. En se rendant dans la salle grecque attenant au musée des Assyriens, on voit un fragment original représentant une procession des Panathénées, très-belle chose qui porte le caractère le plus élevé et montre le type de l'art grec dans son calme et dans sa grandeur.

Le génie du statuaire s'était surtout déployé dans la statue de la déesse, placée au fond du temple, ouvrage célèbre par sa grandeur, la richesse de la matière, la beauté du travail. La déesse tenait d'une main la lance, et de l'autre une Victoire haute de quatre pieds. Son casque, surmonté d'un sphinx, était orné, dans ses parties latérales, de deux griffons. Sur les quatre faces intérieures du bouclier posé aux pieds de la déesse, et sur le piédestal, Phidias avait représenté divers sujets de la Fable. Les parties supérieures du corps étaient en ivoire, excepté les yeux, où l'iris était figuré par une pierre précieuse.

Nous ne saurions pas descendre de l'Acropolis sans considérer l'incomparable horizon qui borne les regards. Des collines couvertes d'oliviers et de vignes, et appuyées sur de hautes montagnes, forment une enceinte autour de la plaine, qui s'étend vers le midi jusqu'à la mer. Parmi ces montagnes se font remarquer le Pentélique, célèbre par ses beaux marbres, et l'Hymette, couvert d'herbes odoriférantes, si renommé par le miel que produisent ses abeilles. L'Ilissus et le Céphise serpentent autour de la ville ; sur leurs bords avaient été ménagées de belles promenades publiques ombragées. Bien plus loin, à l'horizon, on cherche les grands noms historiques : l'île de Salamine, à une lieue du Pirée ; la plaine de Marathon, à six lieues d'Athènes ; Éleusis, où s'élevait le temple de Cérès, sanctuaire de la religion antique, réfugiée en cet endroit après la défaite des Pélasges par les Ioniens, Éleusis est à quatre lieues, entre le Pirée et Mégare. Enfin, plus rapprochée de la ville d'Athènes, on reconnaît la petite colline où se trouvait le bourg de Colone que Sophocle, chargé d'ans et de gloire, a immortalisé en y plaçant la scène de l'un de ses plus beaux drames.

Ce serait une étude intéressante, mais à laquelle nous ne pouvons pas nous livrer, que de comparer l'ancienne Athènes à la nouvelle, de chercher la cité de Cécrops dans la capitale actuelle du royaume des Grecs. La plupart des monuments ont disparu ; mais si l'on s'assied sur son Acropole, au pied de la grande ruine du Parthénon, on la trouvera toujours vivante ; elle a, comme au temps de Sophocle, son sublime rocher, sa couronne de montagnes, les longues lignes de son horizon, la mer qui baigne Salamine, son nom immortel et son beau ciel.

CHAPITRE VI.

ROME ANCIENNE.

I.

Sa position; ses accroissements jusqu'à l'empire; ses dehors, ses
remparts, ses ponts; le Forum et les endroits voisins.

Après Athènes, c'est à Rome que je veux vous
conduire, jeunes amis des lettres et de l'histoire; à
Rome, la cité maîtresse du monde, où bien souvent
ont erré vos imaginations à la suite des grands
hommes, des grands écrivains avec lesquels vous avez
pu vous familiariser. Mais ce n'est point de Rome moderne, d'ailleurs un si intéressant objet d'étude, que
nous allons vous entretenir; nous voulons rétablir sous
vos yeux le tableau de Rome ancienne telle qu'elle
pouvait être au temps de sa plus grande gloire, vers
le commencement de l'empire. Un guide bien sûr
nous conduira. L'auteur de *Rome au siècle d'Auguste*, M. Dézobry, dans le voyage de son Gaulois à
Rome, a donné un beau pendant au Voyage du
Scythe Anacharsis dans l'Athènes de Périclès.

Rome avait été bâtie d'abord sur la rive gauche du
Tibre. Sept collines se trouvaient de ce côté du fleuve :
le Palatin, le Capitolin, le Quirinal, le Cœlius, l'A-
ventin, l'Esquilin, le Viminal; sur la rive droite s'é-
levaient trois autres collines : le Janicule, le Vatican et
la colline des Jardins. Romulus avait jeté la première

enceinte de Rome sur le mont Palatin ; puis il avait joint à son enceinte le mont Saturnien , le même qui porta ensuite tour à tour les noms de Tarpéien et de Capitolin. Le Quirinal était occupé par les Sabins ; il fut joint à Rome par Numa. Toutes les montagnes de la rive gauche se couvrirent d'habitations sous les premiers règnes. Le Janicule fut fortifié par le roi Ancus, mais sans être contenu dans la ville. Le Vatican , pris sur les Étrusques, tarda peu à devenir un faubourg de Rome ; mais cette région du Vatican, maintenant la plus belle, et marquée par les plus grands monuments , fut toujours , même au temps de la grandeur romaine, un des derniers quartiers de l'ancienne capitale.

A l'époque de l'empire, il y avait à Rome quatorze villes ou régions subdivisées en deux cents quartiers. Chaque région avait son numéro d'ordre , comme les arrondissements de Paris , et un nom emprunté , soit à sa situation , soit au monument principal de sa circonscription.

La ville s'annonçait par une foule d'édifices, tant publics que particuliers , tant religieux que profanes, qui ornaient la campagne et bordaient les routes à plusieurs milles de ses portes. Rome semblait se cacher dans les plis du terrain où elle était située ; on voyait devant soi une plaine immense couverte à perte de vue de maisons au-dessus desquelles s'élevaient les monuments comme de grands arbres au milieu d'une forêt. La limite de la ville se composait de deux enceintes : l'une, militaire, formée de hautes

murailles en grosses pierres équarries et flanquées
de tours carrées ; l'autre, tracée par une espèce de
grand chemin de seize pieds de large, enveloppait
les murs au dehors : on nommait cette dernière *po-
mœrium*, c'est-à-dire *post murum* (derrière le mur) ;
c'était une enceinte consacrée par la religion, et il
était défendu d'y bâtir. Une forteresse, bâtie par
le roi Ancus, se trouvait sur le Janicule, dans la région transtibérine. Le Tibre coulait à l'occident ; au
milieu de son cours se trouvait l'île Tibérine, bordée
de quais en pierres, et jointe aux deux rives par deux
petits ponts ; le pont Fabricius était celui de droite.
A part de ces deux premiers ponts qui reliaient la ville
avec l'île Tibérine, deux autres plus grands unissaient
les deux parties de la ville : le pont Palatin et le pont
Sublicius. Les murailles, bâties dans l'origine par
Servius Tullius, suivaient les collines et les vallées ;
on les voyait passer sur les crêtes les plus hautes,
puis descendre soudainement et disparaître dans les
profondeurs. Une digue de cinquante pieds de terre
les renforçait par-derrière, avec un chemin de ronde
qui permettait aux soldats de s'abriter derrière ces
murs. On entrait en ville par trente portes, à peu près
toutes connues et citées par les auteurs latins.

Le quartier le plus beau et le plus animé de Rome
était celui du Forum, à cause du Forum lui-même,
du Capitole qui l'avoisinait, et de la voie Sacrée qui
venait y aboutir.

Le Forum, grande place carrée, presque régulière,
mais moitié plus longue que large, et généralement

pavée de grandes dalles, était situé entre le mont Palatin et le mont Capitolin. Dans l'origine, c'était un terrain vague et marécageux, devenu le lieu de l'assemblée du peuple ; Tarquin le Superbe, pour bâtir le Capitole, avait fait dessécher le marais et abattre les bois dont il était couvert. Tout à l'entour s'élevaient des temples, des basiliques, des arcs de triomphe, des autels, des colonnes triomphales et rostrales, un peuple de statues. On y voyait aussi des magasins, des boutiques de banquiers, ou changeurs d'argent, et des portiques. Mais ce qui donnait au Forum sa principale importance, c'était la tribune, ce grand théâtre de la grandeur romaine, dans les derniers âges de la république. La tribune, ornée de six rostres ou éperons d'airain conquis par les Romains à la suite d'une bataille navale contre un peuple du Latium, et appelée pour cela les Rostres, était placée au bas de la pente inférieure du Capitolin : elle était en pierres de taille avec la forme d'un carré long ; une balustrade en pierre en défendait l'accès à la multitude.

Dans un angle du Forum, sur le bord d'une voie qui le traversait dans toute sa longueur, une touffe de verdure, composée d'un figuier, d'une vigne et d'un olivier sauvage, entourait un autel. C'était un des plus beaux souvenirs de la vertu romaine ; là, dans un gouffre ouvert, s'était jeté Curtius. A l'angle nord de la tribune une colonne marquait le centre de la ville, le point de départ de toutes les routes qui allaient de là aux extrémités de l'univers romain.

Le Forum était assez voisin du Capitole ; dans l'espace intermédiaire, longé par la rue Neuve, se trouvait le Comitium, place publique où avaient lieu les comices ou assemblées du peuple. On voyait au Comitium la louve allaitant les jumeaux, beau groupe d'airain ombragé par l'éternel figuier, le figuier ruminal. C'était aussi sur le Comitium qu'était placé le tribunal du préteur. De là on montait au Capitole.

II.

Le Capitole; description du temple; le Champ de Mars.

C'était un vaste quartier que le Capitole, un quartier sans maisons particulières, couvert en entier de temples et d'établissements publics. Il avait trois parties principales, et que l'on ne distingue pas assez : la forteresse, l'intermont, le temple de Jupiter.

La citadelle était une enceinte de murailles crénelées et flanquées de tours; l'intermont, vaste esplanade, s'étendait au pied du temple, et l'environnait de toutes parts. Tarquin le Superbe, voulant construire le temple de Jupiter Capitolin avec une magnificence qui fût digne d'un monument que les oracles appelaient à être la citadelle de l'univers, avait été obligé de combler par d'immenses travaux de terrassement les intervalles des crêtes de la montagne, et de former un vaste terre-plein pour recevoir les assises du temple. C'est sur ces substructions de Tarquin le Superbe que le temple s'était élevé, entouré d'un espace appelé l'Intermont. On voyait dans cette partie divers établissements publics, la prison, l'atelier monétaire, les archives de l'État. Là aussi se trouvaient la cabane de Romulus et Rémus et le temple primitif que Romulus avait élevé à Jupiter Férétrien, monuments archéologiques conservés par les Romains avec un soin religieux. Décrivons maintenant le temple de Jupiter, qui était, à proprement parler, le Capitole.

On y montait par un escalier de cent marches. Au haut des degrés, sous un porche à fronton, on entrait dans une cour formée par quatre hautes murailles décorées de pilastres et surmontées de statues. Le temple était au milieu de la cour et s'élevait beaucoup au-dessus des murs de clôture. C'était un parallélogramme de deux cents pieds environ, entouré de tous côtés d'une belle colonnade de marbre. La façade offrait un péristyle de trente-six colonnes corinthiennes, douze de front sur huit de profondeur, supportant un majestueux fronton ; ce fronton était surmonté de statues d'airain, et terminé par un quadrige de même matière qui portait une statue de Jupiter. Des trophées militaires pendaient aux frises et aux colonnes extérieures du temple.

L'intérieur se composait de trois nefs, dans lesquelles on entrait par trois portes. Au bout de chacune de ces nefs, une cella ou sanctuaire contenait la statue de Jupiter, ou celle de Junon, ou celle de Minerve ; la cella du milieu était consacrée à Jupiter. Cette nef centrale était découverte ; à l'extrémité seulement un toit, avec un fronton décoré d'un quadrige, abritait, comme un auvent, la statue du dieu.

Cette statue était une œuvre magnifique, composée d'or et d'ivoire, assise, le bras gauche levé sur une lance, la main droite posée sur les genoux et tenant un foudre d'or ; sur sa tête une couronne d'or radiée. La figure était peinte de vermillon ; une toge de pourpre rehaussée de fleurs d'or lui voilait la moitié inférieure du corps.

Les deux autres nefs, moins larges, étaient couvertes d'un plafond doré et décoré de soffites. Deux étages de colonnes, c'est-à-dire deux rangs de colonnes superposées, séparaient les nefs entre elles. Une balustrade en fer marquait l'entrée de chaque cella. Des statues étaient placées le long de la nef centrale, surtout auprès des balustrades, vers le fond. Dans cette nef aussi on voyait rangés avec ordre les plus beaux, les plus riches trésors, offrandes des grands de Rome et des rois étrangers, entre autres la vigne d'or, présent qu'un roi juif de la famille Asmonéenne avait fait à Pompée. Un peuple de prêtres, et de gardiens, logés dans des constructions adjacentes, était chargé de desservir le temple et de veiller à son entretien.

Le Capitole, tel que je viens de le décrire d'après les recherches sûres du savant que j'ai cité en commençant, existait sous les premiers empereurs. C'était le second temple, car le premier, construit par le dernier roi de Rome, incendié sous Sylla, avait été rétabli à peu près immédiatement, sur des plans sans doute analogues, mais sur une échelle plus grande. Le second temple fut également incendié dans les guerres civiles entre Vitellius et Vespasien avec des circonstances de beaucoup d'intérêt rapportées par Tacite. Vespasien éleva le troisième Capitole, qui fut le dernier ; celui-ci disparut sous les invasions des barbares. Après la destruction du paganisme, il eût été beau de voir le Capitole conservé, soustrait au temps et aux barbares, comme le Parthénon à Athènes et le Panthéon à Rome même : il eût été beau de voir la croix du dieu vainqueur des idoles s'éterniser sur le fronton de ce temple orgueilleux, temple d'un dieu au nom duquel tant de sang chrétien avait été répandu dans l'empire romain !

Les détails que nous venons de donner sur le temple de Jupiter Capitolin offrent une idée suffisante de l'aspect d'un grand temple à l'époque de l'empire romain, et nous dispensent de relever les nombreux édifices religieux dont Rome était couverte.

Un autre quartier très-beau, qui devint même le plus riche de Rome, sa rue Vivienne, son quartier de la Bourse, c'était le Champ de Mars, vaste quartier neuf, bas et plat, à demi enveloppé par le Tibre, s'étendant à l'occident de la ville, derrière le Capitolin et le Quirinal, en dehors des anciens murs. On l'appelait, dans son ensemble, la région du cirque Flaminius, à cause du cirque de ce nom qui s'y trouvait. Vous savez ce que c'était qu'un cirque : une longue lice entourée de gradins de pierre, close de murs à plusieurs étages. Il y avait dans cette région des théâtres, des bains, des mausolées, des portiques, le Panthéon et les jardins d'Agrippa. Le Champ de Mars lui-même, à peu près carré, avait bien un mille de long et un mille de large. Sur sa pelouse toujours verte la jeunesse élégante de Rome venait étaler son luxe et se livrer aux divers exercices du corps. La vue s'étendait au loin, par delà le Tibre, sur un tableau très-varié, formé par la colline du Janicule avec ses longs murs, sa forteresse et ses jardins.

III.

Aspect d'une grande rue à Rome : maisons ; mouvement du commerce et de la population ; les portiques et les basiliques ; apogée de Rome sous les empereurs.

Maintenant, il faut nous donner le spectacle d'une rue de Rome ; voir l'aspect de ses maisons, le mouvement de sa population ; Rome, enfin, telle qu'elle vivait au temps de ses premiers Césars.

Voyons la rue Sacrée, si connue dans Horace, qui dit si bien : « Je suivais par hasard la voie Sacrée, « selon mon usage, rêvant à je ne sais trop quoi, et « tout entier à ces riens de mon esprit. » Or, la voie Sacrée était la grande artère de Rome, une large rue, très-peuplée, assez droite, avec une voie au milieu pour les voitures, et des trottoirs de quatre pieds de large pour les piétons. Elle prenait à l'angle est du mont Palatin et montait jusqu'au Forum, en traversant l'arc de triomphe de Fabius, et passant au milieu des plus opulentes régions. Regardez bien des deux côtés.

Les maisons sont généralement d'une extrême hauteur, construites en briques, avec des assises de pierres carrées et disposées souvent en forme de réseau. La plupart des maisons se terminent en plate-forme : sur quelques-unes le faîte est peint avec des tuiles en terre cuite et des dalles coloriées ; pour d'autres maisons, plus vieilles, les tuiles sont remplacées par des bardeaux ou planches de bois.

Les hôtels des grands sont généralement sur les collines ; la population bourgeoise ou plébéienne se presse dans les grandes rues ; la classe moyenne loue un étage, souvent en garni. Des boutiques de divers genres garnissent à peu près tout le rez-de-chaussée de la rue. Ces boutiques se composent d'un avant-corps, souvent en bois, adossé aux édifices, avec un appartement au-dessus pour le marchand. La devanture, ouverte le jour, est fermée la nuit avec des planches. Les boutiques sont assez ornées, couvertes d'étalages en rapport avec l'objet de la vente ; des tableaux peints à la brosse avec de la cire rouge ou un petit bas-relief en terre cuite, relatif à la profession du marchand, lui servent d'enseigne. Le boucher étale sa viande, le marchand de vin ses bouteilles avec un rameau de laurier. De distance en distance, des cabarets ou restaurants à bon marché, *popinæ*, remplis de petit peuple, ainsi que les boutiques des barbiers, où l'on va pour causer et savoir des nouvelles autant que pour se faire raser.

Représentez-vous maintenant, chose facile à un Parisien, tous les embarras inséparables d'une grande capitale : les citoyens allant à leurs affaires ou à leurs plaisirs, et une foule de petits marchands colporteurs vendant, comme dit Horace, quelque bimbeloterie au petit peuple en tunique (*lisez* en blouse, pour l'illusion); puis les bateleurs, les escamoteurs, les hercules, les embarras de toute sorte : voilà Rome, voilà Paris, la grande cité de tous les âges, le monde qui, au fond, se ressemble et se reproduit.

Toutefois la foule infime n'habite point ces grandes rues qu'elle fréquente; une partie de ce peuple couche dans la région transtibérine, où les logements sont à meilleur compte : tels sont les herbagers, les loueurs de chevaux, les brûleurs de cadavres, les ouvriers en laine, les marchands ambulants. En remontant de l'arc de Fabius au Forum, la rue Sacrée s'élargit et se purifie de plus en plus. Des deux côtés sont de beaux magasins, des marchands d'objets de luxe; en débouchant sur le Forum, se trouvaient les Sosies, célèbres libraires, éditeurs des œuvres d'Horace.

Quant à l'intérieur des maisons de Rome, le décrire nous mènerait trop loin; je vous renvoie à cet égard aux descriptions, si souvent reproduites, des maisons de Pompéia. Une grande maison, dans les rues considérables, avec ses boutiques et diverses dépendances, formait un massif portant le nom d'*île*, isolé au moyen des ruelles qui sillonnaient la ville en tous sens. Ajoutons qu'à part des grandes rues et des beaux quartiers, les rues étaient généralement inégales, tortueuses, étroites, sur un sol accidenté et montueux, si bien qu'en certains endroits on avait pratiqué des degrés pour y monter.

Le peuple de Rome se promenait beaucoup ; il avait, dans l'intérieur de la ville, les portiques et les basiliques. Les premiers, vastes parallélogrammes, composés de quatre galeries ouvertes, avec des colonnes supportant le plafond, étaient assez multipliés dans les principaux quartiers de Rome, et ils offraient un abri contre la pluie et un promenoir agréable aux désœuvrés.

Les basiliques étaient de grands édifices divisés en trois galeries par deux rangs de colonnes le plus souvent superposées, de manière à former une galerie supérieure au-dessus des portes latérales. La galerie centrale conservait toute la hauteur de l'édifice. Au fond se trouvaient les tribunaux ; le peuple se pressait dans les nefs pour s'occuper d'affaires et pour se promener. Cet ordre de bâtiments, fort ordinaires à Rome, a un intérêt particulier, parce qu'après Constantin les basiliques ont donné leur nom et leur forme aux églises chrétiennes.

Ainsi, mes jeunes lecteurs, vous pouvez vous faire une idée assez fidèle de Rome, à l'époque de sa plus grande splendeur, quand Cicéron tonnait au Forum, puis quand Virgile et Horace chantaient à la cour d'un empereur. Pendant deux siècles encore, Rome s'embellit et se compléta. Néron la brûla, et la rebâtit avec plus de magnificence et de régularité. Après Néron, il se construisit des monuments très-célèbres, et dont les ruines demeurent sur le sol. Tels sont la Maison dorée de ce même Néron, le Colisée, les

Thermes de Titus, de Caracalla, de Dioclétien. Vers la fin du second siècle de notre ère, Rome était parvenue à l'apogée de sa grandeur, et comptait bien un million d'habitants.

Je suis obligé de m'arrêter ici ; car que ne faudrait-il pas dire encore sur cette ville si célèbre, et dont le souvenir est si puissant sur les imaginations. J'aurai à vous montrer avec détail, dans la partie moderne, Rome devenue chrétienne, et offrant un intérêt nouveau. De celle-là, ce ne sont pas seulement des ruines qui restent sur le sol : c'est le miracle de la vérité qui s'y perpétue, c'est l'éternité tant promise à Rome antique devenue l'indéfectible partage de Rome capitale de l'univers chrétien. Quoi qu'il en soit, ce que nous venons de reproduire sur la Rome des anciens Romains vous permettra, en présence d'un tableau de Rome moderne, de voir à peu près dans quelle proportion la ville éternelle des pontifes occupe le terrain autrefois occupé par cette fière capitale des empereurs.

LIVRE SECOND.

CAPITALES MODERNES.

CHAPITRE PREMIER.

L'ORIENT MODERNE : PÉKING. — CALCUTTA. — DAMAS.

Nous allons désormais visiter, non plus des villes
antiques, que nous ne pouvons connaître qu'en évo-
quant les souvenirs de l'histoire, mais des cités vivantes, debout et pleines de splendeur au temps où
nous vivons nous-mêmes. Notre plan, dans ce livre,
est d'aller du plus loin au plus près ; après l'antiquité,
qui est évanouie, nous allons voir l'Orient, qui subsiste, mais qui est si loin de nous ; puis, après avoir
visité quelques capitales américaines, nous entrerons
en Europe, et nous terminerons par notre Paris.
Obligé de choisir et de nous borner beaucoup, nous
donnerons ici, pour l'Orient moderne, le tableau de
trois capitales seulement ; mais ces villes, à elles
seules, représentent la civilisation orientale dans ses
trois aspects les plus complets et les plus divers : la
Chine, l'Inde, la Turquie d'Asie.

I.

Péking : ses abords, ses édifices; aspect des rues; la plaine
qui l'environne.

Qui ne connaît la Chine, devenue si banale par la
géographie, les récits de voyages, les peintures et
toutes les chinoiseries qui ont à Paris, chez les marchands de curiosités, un si vaste entrepôt? Nous connaissons tous si bien la physionomie chinoise et l'immobile civilisation de ce pays, que les imaginations se
prêteront vite à saisir, dans son ensemble, une rapide
esquisse de la capitale du Céleste Empire.

Péking, qui signifie cour du Nord, est située à peu
de distance de la grande Muraille, dans une plaine
vaste et fertile. En y comprenant les faubourgs, elle
paraît compter deux millions d'habitants et avoir plus
de neuf lieues de circuit; mais il y a des champs cultivés dans l'intérieur de la ville, surtout dans les
quartiers chinois. Les murs, très-élevés, sont flanqués de tours et de bastions; les portes s'élèvent au-
dessus des murs ; leur revêtement est nu, sans sculptures, en larges briques fortement cimentées; les
arcades sont en marbre. Devant les portes, sur une
esplanade ou place d'armes, est établi un corps de
garde, où stationnent toujours des troupes assez considérables.

La capitale de la Chine se divise en deux villes :
1° la ville intérieure, où se trouve le palais de l'empereur; 2° la ville extérieure, avec les faubourgs, qui
est proprement la ville chinoise. Chacune de ces deux

villes est carrée et a ses propres remparts disposés de manière que le mur de clôture de l'un soit le mur d'entrée de l'autre.

C'est la ville impériale, habitée par les Tatares Mandchoux, qui doit surtout attirer l'attention. Cette ville se compose presque exclusivement du palais de l'empereur dans sa partie centrale et des annexes de ce palais, qui contiennent les principaux services de la cour et de l'État et les habitations des fonctionnaires les plus éminents.

La façade du palais impérial brille de peintures, de dorures, de vernis ; dans les jardins on a fabriqué des montagnes de vingt à soixante pieds, séparées les unes des autres par de petites vallées, chargées d'arbres touffus, arrosées de canaux, de lacs et de vastes étangs sillonnés par des barques élégantes. Dans chaque vallée il y a une maison de campagne pour loger un des grands seigneurs de la cour avec sa suite ; ces jardins du palais impérial de Péking ont été souvent célébrés ; le P. Gaubil, missionnaire, les peint fidèlement dans une description recueillie par Malte-Brun. « Au milieu d'un lac qui a plus d'une demi-lieue de diamètre s'élève une île de rochers couronnée d'un superbe palais. Les montagnes et les collines sont chargées d'arbres et de belles fleurs aromatiques ; les canaux sont bordés de rocs arrangés avec tant d'art, qu'ils imitent parfaitement ce que la nature a de sauvage et de désert. »

Dans les deux villes il y a des temples immenses et magnifiques, un surtout consacré à Fô, le dieu Bouddha ; trois cents lamas, ou prêtres thibétains, y résident, et il s'y trouve un séminaire bouddhiste très-nombreux. Après cela tous les édifices qui sembleraient appartenir à la civilisation européenne se rencontrent dans la ville de Péking. On y voit des théâtres, des tribunaux, des bâtiments pour la douane et les autres administrations ; des écoles, une sorte d'université où se subissent les examens pour passer mandarin, c'est-à-dire lettré ; académie des sciences, observatoire, bibliothèque, muséum d'histoire naturelle, imprimerie, établissement de bienfaisance, hospice des enfants trouvés, vaccine publique, pompes à incendie, et jusqu'à l'institution du mont-de-piété.

La plupart des rues sont étroites ; quelques-unes sont très-belles et très-larges. Celle dite du Repos Éternel est immense en longueur et en largeur ; elle a cent quatre-vingts pieds de large de l'est à l'ouest, et elle est bornée en partie par les murs du palais impérial, au nord, et par les tribunaux, au sud. Les maisons, en général d'un étage et même bornées à un rez-de-chaussée, sont assez mal alignées et souvent tombent en ruine. Elles sont en briques et ornées de dorures et de peintures d'un goût équivoque ; les toits sont jaunes sur les palais impériaux et sur les temples, verts sur les habitations des grands, rouges sur celles du peuple. Dans un grand nombre de places ou de rues on voit des arcs de triomphe, assez ordinairement peints en rouge. L'établissement des bains Chinois, à Paris, sur le boulevard des Italiens, donne assez bien, du moins à l'intérieur, l'idée d'une maison, et par suite d'une rue chinoise.

La police est rigoureuse à Péking : partout dans les rues sont placés des corps de garde et des soldats qui courent sur les passants au moindre signe, le glaive ou le bâton levés. Néanmoins la police des rues est très-mal faite; les rues sont encombrées, non pavées, infectées par les immondices et les égouts. Elles ne sont pas éclairées la nuit, et chaque habitant est tenu de sortir avec une lanterne. Ces rues, du reste, sont pleines de monde; partout on y voit circuler une multitude empressée, officiers mandchoux portant les messages, acheteurs et vendeurs, gens qui vont aux affaires, ouvriers, domestiques et mendiants. A chaque carrefour, des voitures de louage couvertes, doublées de satin et de velours, attelées de mulets et de chevaux agiles, sont à la disposition du public; les dames et les grands se font porter en magnifiques palanquins; mais ce qui abonde le plus dans les rues de Péking, ce sont les hommes à cheval.

Péking est dans une plaine très-fertile; lorsqu'on l'aperçoit avec une multitude de dômes et de pavillons, au milieu de ses jardins, de ses bosquets de bois, de ses monastères, de ses villages, de ses cimetières entourés d'arbres, elle apparaît de loin comme une forteresse impériale, entourée de verdure. La grande plaine où elle est assise est arrosée de nombreux cours d'eau. Une des rivières qui l'arrosent se sépare en plusieurs bras; environnant le palais impérial, elle forme plusieurs lacs, circule auprès des murailles, et va se réunir, non loin de Péking, dans un vaste canal.

II.

Calcutta : idée de l'Inde considérée dans l'aspect de sa capitale; les faubourgs; réveil d'une famille anglaise. La ville hindoue dans l'intérieur; tableau de la population; revers de la médaille.

La civilisation hindoue a un caractère particulier et plein d'intérêt. Les Hindous sont un peuple oriental qui subsiste encore, avec ses mœurs, ses castes, sa religion, ses costumes, son architecture sacrée, à peu près comme il était il y a deux mille ans, à l'époque des conquêtes d'Alexandre le Grand. Qui a pu visiter l'Inde, a obtenu une sorte d'évocation des antiques cités orientales. Ceux qui, sans quitter l'Europe, aiment à transporter leur imagination dans les régions lointaines et curieuses, ne manquent pas de lui donner carrière sur les bords du Gange ; ils y trouvent les peuples de Brahma, avec la physionomie qu'ils ont reçue dès leurs premiers âges, et que les siècles en passant ne leur ont point ravie. Dans notre siècle, la langue sanscrite, langue sacrée du pays, a livré ses trésors ; on a beaucoup écrit en français sur les monuments de la religion et de la poésie de ce peuple ; le musée ethnographique, au Louvre, contient des objets assez nombreux qui font connaître les arts, les dieux, l'architecture de l'Inde. Nous allons aussi présenter un aperçu de la physionomie générale de ce pays, en traçant le tableau géographique et descriptif de Calcutta, capitale actuelle de l'Indostan, sous la domination anglaise.

[illegible] du 26 [illegible]
[illegible] traduction [illegible]
[illegible]

[illegible] particulier
[illegible]
[illegible]
[illegible] écriture sacrée ; [illegible]
[illegible] à l'[illegible]
[illegible] qu'il [illegible]
[illegible]

[illegible]
[illegible] ne [illegible] pas de
[illegible] rouge, ils y trou-
[illegible] avec le plus [illegible]
[illegible]
[illegible]
[illegible] livré
[illegible] les
[illegible] peuple ;
[illegible] soutien des
[illegible]
[illegible]
[illegible]
[illegible]
[illegible]

CALCUTTA

Calcutta a été bâtie sur l'Hougly, qui est un bras du Gange, vers le commencement du dix-septième siècle. Elle occupe, le long du fleuve, un espace de deux lieues, et renferme, avec ses faubourgs, une population que l'on peut, sans l'exagérer, évaluer à plus d'un million. En 1717 tout l'espace qu'elle couvre n'était guère qu'une forêt sauvage, solitaire, éclaircie sur les bords du Gange par des mares, de petits lacs, au milieu desquels s'élevaient deux hameaux habités par des cultivateurs et des bateliers. Après un siècle, c'était une des plus grandes cités de l'univers.

A mesure qu'on approche de Calcutta, les deux rives du fleuve sont de plus en plus populeuses. On sent que cette population est assise près du Gange comme le long d'un grand chemin, pour vivre de ceux qui passent en leur vendant ses services. Les faubourgs sont souvent très-élégants et l'asile de la richesse. On y voit de brillantes villas dans lesquelles habitent les riches anglais, maîtres de la contrée. M. Th. Pavie, dans un article plein d'intérêt de la *Revue des Deux-Mondes*, décrit ainsi l'aspect intérieur de ces habitations :

« Les premières lueurs du jour éclairent d'élégants pavillons, isolés au milieu d'un boulingrin, loin de ces grands et beaux arbres qui attireraient trop les moustiques par la fraîcheur de leur feuillage. La cigogne, à la tête chauve, s'élance des plus hauts toits de la ville, du sommet des pagodes, et vient s'abattre dans les allées du jardin solitaire, qu'elle parcourt attentivement, d'un pas mesuré, le bec incliné sur le gazon, cherchant sur le sol humide de rosée sa pâture du matin. Le jardinier, après avoir salué les quatre points cardinaux, descend vers le Gange, par un large escalier, pour y faire ses ablutions, et s'en va de bosquet en bosquet, côte à côte avec la cigogne familière, cueillir les fleurs qu'il place en bouquet, dans les vases de Chine posés sur la table du salon pour réjouir l'œil du maître. Les fenêtres s'ouvrent, l'air pur du matin circule dans les chambres spacieuses, et toute la famille éveillée s'empresse de se répandre au dehors avant que le soleil force chacun à rentrer. » Nous venons de rapporter le réveil d'une famille anglaise dans le faubourg ; un peu plus loin, le même écrivain, de sa plume pittoresque, nous montrera, dans la ville même, la matinée de la population hindoue.

Calcutta est divisée en deux grands quartiers, la ville des Indiens et celle des Anglais, où se trouve le gouvernement. Peu d'endroits dans le monde offrent un aspect aussi brillant que les grandes rues européennes de Calcutta vers le soir. Rien n'égale le luxe et la mollesse dans laquelle les Européens passent leurs jours sous le ciel brûlant du Bengale. Leurs maisons sont pourvues de toutes les choses précieuses que produisent les climats les plus lointains ; de nombreux domestiques remplissent leurs hôtels et préviennent leurs moindres désirs ; leur vie se passe en somptueux festins, en promenades, en courses de chevaux, en parties de chars.

Mais ce n'est pas la ville européenne qui est surtout curieuse à Calcutta ; c'est la ville indigène, c'est l'Inde même qu'il faut considérer dans sa capitale.

Dans cette immense partie de la ville entière, partie que l'on appelle la Ville Noire, aux rues étroites et tortueuses, les habitations des musulmans, comme dans tout l'Orient, sont en briques avec des toits plats et de très-petites fenêtres ; mais celles des Hindous ont plusieurs étages, et même parfois sont très-hautes ; leurs toits, couverts de bambous et de chaume, sont fortement inclinés et soutenus par des tasseaux gracieusement sculptés ; les façades sont ornées de balcons, de galeries, et décorées de portiques avec des couleurs vives et variées. Dans toutes les maisons aisées, on trouve des terrasses ou toits plats, où les habitants passent une partie du jour, vêtus d'une simple étoffe de toile de coton, faisant leur principale nourriture du riz et de l'eau. Néanmoins de riches habitants déploient dans leurs maisons le luxe des peuples orientaux : de nombreux esclaves, des ameublements qui resplendissent d'or et d'argent, des draperies, des appartements peints et dorés, des parfums, des essences précieuses. Voilà ce que l'on rencontre chez les Radjahs et les Nababs. Les femmes partagent les goûts de leurs maris, et vivent plongées dans une inactivité absolue ; leurs appartements respirent un repos complet ; l'eau fraîche y murmure en cascades ou s'épanche en de riches bassins de marbre. Mais toutes ces magnificences se dérobent dans l'intérieur du palais ; et nous cherchons ici à considérer l'aspect extérieur d'une ville indienne, à nous représenter la physionomie générale, la variété et le mouvement d'une rue de Calcutta. Poursuivons donc cette intéressante revue.

Les bazars occupent une grande partie de la ville, car on appelle de ce nom à peu près tous les quartiers à boutiques ; il y en a de trois sortes : 1° Les vrais marchés, couverts ou non couverts, halles ou places publiques, destinées aux divers objets du ménage asiatique, fruits, poissons secs, épices, friperies et autres substances. Il y a de ces bazars qui se tiennent, la nuit, à la clarté des lampions ; et ils sont fréquentés, outre la foule des acheteurs, par des mendiants, des marchands de gâteaux en plein vent et des jongleurs. 2° Les rues marchandes et opulentes, où affluent les produits de la terre entière, et les trafiquants de tout le globe. Là se donnent rendez-vous toutes les nations, l'Arabe, le Grec, le Chinois, le Malais, le Birman, tous les peuples de la haute Asie. 3° Enfin les rues consacrées à une seule industrie, comme cela se faisait en France au temps des corporations ; il y a, par exemple, une longue rangée de boutiques occupées par des cordonniers chinois.

Maintenant il faut avoir une idée de l'aspect que présente la population hindoue et du mouvement qu'elle produit dans les rues de cette grande ville. Je ne puis entrer dans les détails, comme je le voudrais, sur son culte, ses fêtes solennelles, ses processions, la diversité de ses castes. Mais voici, de la même plume qui nous a intéressés plus haut, un ta

bleau d'ensemble bien vivant, et que nous abrége-
rons avec regret.

Voyez le réveil matinal de cette population, commençant sa journée par un acte religieux : « Tout le
long du rivage, des Hindous se plongent dans les
eaux saintes du fleuve. Ni le mouvement du quai,
déjà plein de travaux, ni celui des barques et des
canots qui ont peine à se faire jour à travers ces
masses compactes, rien ne dérange les baigneurs.
Pour tous ce bain est une prière, une ablution du
corps et de l'âme après laquelle les membres assou-
plis semblent se mouvoir plus respectueusement au
gré d'une intelligence purifiée. A ceux qui ne peuvent
descendre au bord du fleuve, de dévots personnages
apportent l'eau sainte dans des cruches suspendues
aux deux extrémités d'un bambou. La femme du brah-
mane emporte avec dignité sur sa tête l'amphore allongée, remplie de cette eau dont elle a besoin pour
tous les travaux de son ménage. Au sortir de l'eau,
l'Hindou va s'asseoir sous de petits hangars, surmontés d'un drapeau planté au bout d'une perche ; là il
livre son front à l'artiste, qui lui applique, au moyen
de couleurs rouges et bleues dans lesquelles trempe
le pinceau, la marque de la caste à laquelle il appartient. Alors sa toilette est faite, et il peut jusqu'au
soir vaquer aux travaux que sa caste lui impose ou
lui permet.

« Pendant ce temps les gens de la campagne,
hommes et femmes, apportent au marché les fruits et
les légumes, dans des paniers placés sur leurs têtes ;

les boutiques s'ouvrent ; le marchand, occupé derrière son comptoir, regarde avec joie la foule qui grossit. Les bazars sont encombrés, cent voix interpellent dans sa langue le riche Asiatique ou Européen qui passe en palanquin ; les brocanteurs assiégent les portières, et offrent les marchandises les plus variées ; le brahme, suivi des fidèles Hindous, s'achemine vers la pagode, tandis que les pacifiques taureaux consacrés au dieu Siva se promènent dans les rues, objet du respect de la foule et vont parfois au seuil des maisons, à l'entrée des boutiques, présenter leur tête débonnaire, pour recevoir de la main de leur pauvre adorateur les respectueuses caresses ou le gâteau accoutumé. »

Enfin, après une journée toute pleine de vie, de mouvement, de travail, journée prolongée longtemps sous la fraîcheur du soir, vient la nuit ; et alors, quand ce mouvement de la ville est apaisé, quand tout repose et voudrait dormir, la ville de Calcutta appartient à des hôtes étranges. Ce sont les chacals, qui se mettent en campagne, se réunissent et s'appellent pour chasser en petites troupes ; ils parcourent en grand nombre les rues et les places, appelés par l'odeur des viandes, que les domestiques hindous, fidèles à leur loi religieuse, jettent sur les fumiers, sans les goûter après le repas de leurs maîtres. Dès qu'il est fait un peu de silence sur les trottoirs, on est sûr d'entendre le chacal qui s'éveille et glapit dans ces rues maintenant désertes où la foule se pressait quelques heures auparavant.

Il n'y a pas de grande ville qui n'ait son aspect lugubre, ajoute judicieusement l'auteur que nous venons de citer. C'est là, en effet, un sujet triste et bien sérieux de réflexion pour ceux qui voyagent et pour ceux qui se bornent à lire les récits des voyageurs. Dans la grande ville de Calcutta, la nuit, les chacals; dans les belles campagnes qui l'entourent, sous le ciel étincelant, les mousquites, les quadrupèdes féroces, les hideux reptiles. Que faut-il conclure de cela? C'est qu'à part du petit nombre d'hommes qui a reçu du ciel l'irrésistible vocation des voyages, l'homme est fait pour habiter et pour aimer le sol qui l'a vu naître. C'est pourquoi Dieu a placé de grandes compensations, en bien comme en mal, dans les zones diverses de cette terre qu'il a créée pour en faire la passagère et toujours imparfaite habitation de l'homme dans les limites de sa vie mortelle. — En attendant, continuons notre voyage sans péril à travers les capitales. Rendons-nous dans la Turquie d'Asie, où nous nous trouverons en présence du troisième grand rameau de cette partie du monde, en présence de la civilisation musulmane, personnifiée pour ainsi dire dans une ville grande et renommée, plus rapprochée que les deux précédentes de notre Occident.

III.

Damas, ville antique, capitale du pachalik de Syrie,
est la plus importante cité de la Turquie asiatique,
celle du moins qui peut d'une manière plus complète
représenter l'aspect de cette partie du monde moderne, et, comme je viens de le dire, de l'Orient
musulman.

Parmi les voyageurs qui ont décrit la capitale de
Syrie, le P. Géramb est celui qui paraît l'avoir représentée avec le plus de complaisance et de fidélité. Ce
religieux décrit d'abord d'une manière fort brillante
la plaine fertile au milieu de laquelle cette grande
ville est assise :

« A mesure que l'on avance, l'aspect des rives du
Barradas devient plus riant ; les peupliers, les saules
qui les ombragent, la verdure dont elles sont tapis-
sées, les sites charmants qu'on distingue sur le penchant des rochers recouverts çà et là d'arbrisseaux et
même d'arbres forts et vigoureux, quelques villages
heureusement placés sur des points plus éloignés,
embellissent le paysage, recréent délicieusement les
regards.

« Après avoir gravi de nouveau des montagnes ari-
des, tout à coup s'offre aux regards la plus admirable
perspective dont ils aient pu être frappés. Une plaine

dont, au midi et à l'est, du côté du désert, les extrémités se cachent au loin sous l'azur d'un horizon
sans bornes; une forêt d'arbres de toute espèce et
de toute grandeur, les uns élevant dans les cieux le
feuillage sombre et touffu de leurs pyramides, les
autres se déployant en élégants parasols; des citron-
niers, des orangers, des abricotiers, étalant de tous
côtés leurs fruits; de hautes vignes mariant leurs rameaux aux troncs, aux branchages qu'elles rencontrent, ou jetant dans les intervalles sur les appuis
que leur fournit la main de l'homme la tendre verdure de leurs feuilles suspendues en guirlandes. Çà
et là des kiosques, des pavillons, des maisons de campagne, et, à l'entour, des jardins, des prairies, où
paissent tous les genres de troupeaux.

« Entre les sinuosités formées par les lignes irrégulières des jardins, des prairies et des habitations, on
voit les sept branches du Barradas promener leurs
ondes, lutter pour ainsi dire avec de nombreux ruisseaux à qui procurera plus d'agrément et de fraîcheur
aux lieux auxquels la nature ou l'industrie humaine
les a chargés de porter le tribut de leurs eaux.

« Au centre de ce ravissant paysage, Damas élève
ses remparts, ses tours, ses créneaux, le croissant
de ses mosquées, ses innombrables minarets, et laisse
apercevoir sur plusieurs points, entre les ombres de
la forêt, comme les gradins d'un amphithéâtre, depuis l'humble chaumière jusqu'au plus majestueux de
ses édifices. »

Cette brillante description est conforme à ce que

rapportent les géographes et les voyageurs. Les jardins qui entourent Damas du côté du nord, dit
Malte-Brun, les plantations d'oliviers, les nombreux
villages, les sombres et hauts sapins, les peupliers
élancés, les champs de blé, les rivières et les ruisseaux qui fertilisent le sol, tout aux alentours de cette
ville présente un paysage enchanteur et digne de l'i-
magination des conteurs arabes.

Damas est une des plus anciennes villes du monde ;
elle remonte à Hus, fils d'Amram et petit-fils de Sem.
Tributaire des Juifs jusqu'à la mort de Salomon,
prise et ruinée plusieurs fois par les rois d'Assyrie,
elle était redevenue puissante lorsque Alexandre en fit
la conquête. Elle fut la capitale du royaume de Syrie
jusqu'à l'époque où Séleucus Nicanor, ayant fait bâtir Antioche, y transporta le siége de ses États vers
l'an 300 avant J. C. Plus tard Damas fut réunie à la
république romaine ; enfin, envahie par Omar, elle
devint musulmane en 636.

Cette ville était autrefois entourée de triples murailles et défendue par des tours rondes ou carrées
dont il ne reste que des ruines. Les murs nouveaux
qu'on a élevés sur les fondations des anciens sont
beaucoup moins solides ; leur enceinte forme un carré
long, flanqué de portes et de tours, dont le circuit est
d'une lieue et demie ; mais il y a beaucoup de ruines
dans cette enceinte.

Les rues de la ville sont en général étroites, sales,
mal pavées quand elles le sont. Les maisons, construites, le bas en pierre, le haut en briques, sont,

comme toutes les maisons turques, presque sans fenêtres au dehors. La porte, assez semblable au guichet d'une prison, est si basse, qu'il faut se courber péniblement pour y entrer. Tout, à l'extérieur, n'annonce que pauvreté et misère. Mais à peine a-t-on franchi le seuil qu'on se trouve, comme par enchantement, transporté dans un monde nouveau. A la suite d'un petit corridor sombre, on trouve devant soi une magnifique cour pavée de marbre blanc, ornée de bassins qu'environne une bordure de fleurs odorantes, et autour de laquelle sont placés les appartements intérieurs.

« D'un aspect simple au dehors, les maisons de Damas, dit encore le géographe, offrent à l'intérieur l'éclat et tous les agréments d'un luxe raffiné. On y marche sur le marbre ; on voit briller de toutes parts les dorures, l'albâtre et les splendeurs du luxe oriental, empruntant pour ses délices les plus beaux produits des arts de l'Occident.

La rue Droite, comme l'a nommée saint Luc, dans les Actes, à l'occasion de la maison de Jude, à Damas, où saint Paul, conduit par ses compagnons après sa conversion, fut guéri et baptisé par le disciple Ananie, subsiste encore dans toute sa longueur ; elle est la principale de la ville, qu'elle traverse d'une extrémité à l'autre, de l'est à l'ouest. De chaque côté, des boutiques ou des magasins sont remplis des plus riches marchandises. Vêtu de blanc d'une manière élégante et recherchée, avec sa longue barbe noire, la tête enveloppée d'un volumineux turban parfaitement drapé, assis sur ses talons sur le devant du magasin, le marchand turc de Damas attend tranquillement que l'acheteur vienne l'arracher à son indolence, et emporter quelques-uns des beaux trésors qui chargent ses rayons.

Les bazars et les khans de Damas sont très-nombreux et la plupart très-beaux. Chacun d'eux offre son genre particulier d'industrie et de commerce. Les bazars neufs sont construits avec une grande élégance. Le plus vaste et le plus imposant, le khan d'Assad-Pacha, rappelle assez, par sa forme extérieure, la halle au blé de Paris. Du reste, Damas elle-même est pour ainsi dire un immense bazar, un vaste entrepôt de toutes les marchandises de l'Asie et de l'Europe.

Si les maisons ordinaires manquent de beauté à l'extérieur, les édifices publics, peints de vives couleurs, donnent à l'ensemble un aspect fort pittoresque. Au centre s'élève la forteresse entourée de ses hautes murailles. On compte au moins deux cents mosquées, dont plusieurs sont d'une belle architecture ; le Damasquin est un musulman intolérant ; il ne fait guère que tolérer les chrétiens dans ses murs, et l'on ne saurait décrire l'intérieur de ces riches mosquées, invisibles pour tout ce qui n'est pas un fidèle croyant du Prophète.

Tous les ans Damas se trouve encombrée de trente à quarante mille pèlerins qui, venus du nord de l'Asie, s'en vont à la Mecque. La plupart y apportent des marchandises qu'ils viennent vendre et échanger avec celles du monde entier. De là, pendant le temps qui précède le départ général, lequel se fait sous la conduite du pacha de Damas, une activité extraordinaire dont nos foires les plus célèbres en Europe peuvent à peine donner une idée. La plus grande partie des pèlerins loge au grand hospice, bâtiment immense et magnifique que précède une vaste cour, pavée de marbre.

La population de la ville est d'environ 140,000 habitants, parmi lesquels 15,000 catholiques, 6,000 grecs, et 2,000 juifs.

CHAPITRE II.

TROIS VILLES AMÉRICAINES.

Puisque nous visitons les capitales, ce que nous venons chercher en Amérique ce n'est pas la nature américaine, qui n'a rien à démêler avec les grandes cités; ce n'est pas la terre de Colomb, seconde moitié de l'Univers, sur le sol de laquelle quelques races sauvages, qui tendent à disparaître, ne sauraient le disputer à la civilisation conquérante venue de l'Europe. Les capitales en Amérique sont des cités européennes; leurs habitants sont des peuples de notre vieux continent, transportés sous un ciel nouveau et qui ont pris, dans les solitudes américaines, eux aussi, un caractère nouveau, une physionomie, une civilisation qui n'est plus celle de leur mère patrie. Nous réunirons dans ce chapitre trois capitales amé-

ricaines, trois cités issues de deux grandes nations
européennes, l'anglaise et l'espagnole. Visitons New-
York, Mexico, Lima.

I.

New-York : sa situation ; sa grandeur; son activité.

New-York est la ville la plus commerçante et la
plus peuplée de l'Amérique du Nord ; et, sous ce rapport, nous pouvons la regarder comme la capitale
des États-Unis, quoique ces républiques fédératives,
unies par un gouvernement commun établi à Washington, n'aient pas, à proprement parler, de ville capitale.
Cette grande ville est située à l'extrémité méridionale
de l'île de Manhattan, sur une magnifique baie et à
l'embouchure de l'Hudson. Son port excellent reçoit
mille navires, puissance de l'État de New-York. Ce
port n'a pas de quais, et les maisons qui le bordent
surplombent sur la rivière.

Dans les anciens quartiers, les rues sont étroites,
malpropres et malsaines ; mais la ville nouvelle, qui
tend de plus en plus à absorber l'ancienne, est très-
belle, avec des rues larges, droites et tirées au cordeau.
La plus belle, la plus commerçante, appelée la rue
Large (*Broad-way*), la traverse sur une longueur de
plus d'une lieue et sur une largeur de quatre-vingts
pieds. Des deux côtés se déploient d'élégantes habitations, de somptueux magasins, de larges trottoirs, sur
lesquels est répandue une foule active et industrieuse.

Les maisons des beaux quartiers de New-York

sont élégamment peints en rouge brillant, relevé de
raies blanches ou jaunes ; les linteaux et les perrons
sont généralement en marbre ; peu de bâtiments sont
en pierre : c'est une ville de bois ou de brique.

Les édifices publics de New-York, plus beaux
que la plupart de ceux des autres villes de l'Union,
sont dépourvus du sentiment de l'art ; on regrette que
l'architecture n'ait rien fait pour se mettre en harmonie avec la grande nature au milieu de laquelle elle
avait à se déployer. Le principal de tous ces édifices,
l'Hôtel-de-Ville (*City-Hall*), est en partie bâti en
marbre et couronné de bois peint. En voici la description d'après le détail donné par un géographe,
M. Mac-Carthy :

L'édifice forme un carré oblong, isolé, élevé de
deux étages au-dessus du soubassement, avec un portique de la moitié de la hauteur totale et une espèce
de dôme, surmonté d'une figure de la Justice. Le portique consiste en seize colonnes ioniques, auxquelles
on parvient par un bel escalier couronné par une balustrade, au lieu d'un entablement, ce qui est contre
les règles et toutes les convenances de l'art architectural. La façade est percée de soixante à soixante-dix
fenêtres, dont quelques-unes sont séparées par des
pilastres corinthiens. Tout cet ensemble manque de
simplicité et de grandeur. Le portique, beaucoup trop
petit, n'est point en rapport avec le reste de l'édifice,
et les croisées sont surchargées d'ornements sans
beauté, et l'emploi peu judicieux de pierres de taille
rouges dont la partie basse diminue la hauteur appa-

rente de l'édifice entier. L'Hôtel-de-Ville sert aux séances du conseil municipal et à celles des différentes cours de justice. La chaire où se place le maire, dans la chambre du conseil, est celle dans laquelle Washington a présidé le premier congrès des États-Unis.

D'autres grands édifices attirent encore les regards à New-York, et plus particulièrement la prison d'État et la maison de charité, dont la façade principale est de trois cent vingt pieds de longueur. Il y a aussi un grand nombre d'édifices peu remarquables comme monuments, mais importants comme établissements publics de bienfaisance et d'instruction; il faut citer surtout le collége de Colombia, qui renferme l'université. New-York est à la fois une ville de commerce et une ville d'étude ; on y compte de nombreuses sociétés savantes et littéraires ; elle est le centre principal de la librairie dans les États-Unis.

Il y a peu de promenades à New-York. La plus belle est celle de la Batterie, dans la partie méridionale ; elle est ainsi nommée d'une batterie qu'avaient élevée en cet endroit les Hollandais, et que l'on a remplacée par un redoutable fort en pierre. Cette promenade a quatre cents toises de long ; elle est couverte de gazon et ombragée de beaux arbres. On y jouit d'une vue admirable. En avant, la baie offre ses harmonieuses sinuosités, bordée à gauche par les collines arrondies et les vallées de Long-Island ; vis-à-vis, à deux milles de distance, sont les Narrows, l'entrée du port ; à droite, les rivages de New-Jersey ; deux ou trois forts apparaissent çà et là au-dessus des flots, et de nombreux vaisseaux établissant un commerce continuel entre les deux mondes, ne cessent de fendre les ondes et d'apporter les passagers et leurs trésors dans le vaste port de la grande ville de New-York. Le point de vue est un des plus beaux que l'on puisse admirer dans le monde entier ; toutefois, pour le compléter, il faudrait apercevoir là quelques montagnes lointaines.

C'est qu'en effet, aux États-Unis c'est la nature immortelle, toujours ancienne et toujours nouvelle qu'il faudrait admirer, et non les cités, qui sont d'hier, et qui n'ont point encore eu le temps de conquérir pour elles cet intérêt qui appartient aux grandes capitales de l'ancien monde, ces vastes entrepôts de la civilisation. Si, dans les capitales, on cherche les beautés qui tiennent à l'art, on n'obtient pas ce que l'on désire dans ces villes de l'Amérique du Nord, qui toutes se ressemblent, où tout est neuf, propre, confortable surtout, fait pour la vie active et industrielle, mais où le cœur, l'intelligence esthétique demeurent sans émotion. Les villes américaines ont un autre genre d'intérêt, bien puissant, plus général que celui de l'art : c'est l'intérêt politique, celui qui, sur les pas de M. de Tocqueville, attire tous les jours dans ces grandes régions une foule d'intelligents visiteurs, préoccupés surtout de ces importantes questions politiques ou sociales auxquelles les États-Unis ont ouvert dès longtemps la plus vaste carrière.

Voici la position de New-York par rapport aux

autres villes importantes des États-Unis ; elle est à trente-deux lieues de Philadelphie, à cinquante-cinq lieues de Boston, à quatre-vingt-une lieues de Washington. Sa population, en 1830, dépassait 200,000 habitants. Son origine fut bien petite. En 1609, Henri Hudson, un Anglais, au service de la Hollande, découvrit le fleuve auquel il donna son nom. Quelque temps après, les Hollandais bâtirent à son embouchure, dans l'île où s'élève aujourd'hui New-York, le fort Amsterdam qui fut l'origine de cette grande ville. Les Anglais s'emparèrent du fort Amsterdam en **1664**; et Charles II, roi d'Angleterre, ayant donné à son frère le duc d'York le pays occupé par les Hollandais, le fort de l'île d'Hudson prit le nom du prince et fut la ville de New-York. Ainsi cette grande ville fut fondée, et ne cessa de s'accroître ; elle joua un grand rôle dans la guerre de l'Indépendance, et elle est demeurée, sinon la capitale (puisqu'il n'y a pas de capitale parmi ces républiques unies), du moins la principale ville de toute l'Union.

L'État de New-York est d'une vaste étendue. C'est la région des grands lacs, l'Ontario, l'Érié, des forêts vierges, des cascades admirées. De New-York au Niagara, le long des rives de l'Hudson et du Grand-Canal, et de là aux lacs, se prolonge le pays le plus pittoresque, sur les limites de la nature sauvage, et plein des plus beaux souvenirs relatifs aux luttes héroïques du peuple américain pour secouer le joug de l'Angleterre. Là subsistent encore les débris de ces peuplades puissantes d'Indiens contre lesquelles les colons des États-

Unis ont eu à conquérir pied à pied leur vaste territoire. Un jour qui ne saurait être très-éloigné, tout le continent de l'Amérique appartiendra à la civilisation européenne. Toutefois, la race sauvage n'est pas encore éteinte ; elle recule tous les jours ; mais elle subsiste encore dans ses vastes solitudes. L'Américain Cooper a, dans ses romans si pleins de vérité, popularisé les traits nobles ou barbares des Indiens de l'État de New-York ; il a tracé d'admirables peintures de ces anciens possesseurs du nouveau monde, fuyant devant la civilisation envahissante des Européens.

Maintenant, et sans quitter l'Amérique, allons chercher des cités plus riches, plus poétiques, plus resplendissantes, sous les feux d'un plus beau soleil.

II.

Mexico : sa situation, ses promenades et ses places ; les trésors de sa cathédrale et de ses églises. — Ses antiquités.

La capitale de la confédération mexicaine s'élève au milieu des lacs, à la place où brillait autrefois l'ancienne capitale de l'empire de Montezuma, détruit par Cortès. C'est une ville admirable par sa richesse et sa splendeur. Traversée par de nombreux canaux, ses édifices sont construits sur pilotis. Les rues sont larges, droites, tirées au cordeau. Il y en a qui ont deux milles de longueur ; les principales partent des quatre points cardinaux, et viennent aboutir à la grande place ; elles sont pavées de petites pierres rondes et polies, et ornées de beaux trottoirs.

Les maisons de Mexico, bâties uniformément en pierres de taille, sont de deux à trois étages, avec des portes extérieures ornées de bronze et une galerie à chaque étage. dans de belles cours garnies de fleurs. Les façades sont peintes en blanc, en rouge, en vert, ornées de passages de la Bible ou de carreaux de porcelaine formant des dessins mauresques. Les toits plats, carrelés en briques et décorés d'arbustes et de fleurs, sont pour chaque maison une agréable promenade du soir.

Du côté du nord et près des faubourgs, on trouve une superbe promenade publique nommée l'*Alameda*, formant un beau carré, entouré d'un ruisseau. Huit allées d'arbres figurant une étoile, aboutissent au centre, où l'on a placé un bassin avec un jet d'eau. Il y a en Europe peu de places qui offrent un plus vaste ensemble que la *Plaza-Mayor* de Mexico. On y voit l'hôtel des monnaies, la prison publique, la caserne générale, les ministères, les deux chambres, le logement du président ; ces divers établissements forment un immense et unique édifice, construit autrefois pour servir de demeure aux vice-rois espagnols. C'est aussi sur la Plaza-Mayor que s'élève la cathédrale.

Elle est très-belle ; et, par sa richesse, elle surpasse toutes les églises du monde. La balustrade qui entoure le maître autel est d'argent massif ; une lampe de même métal est si vaste, que trois hommes entrent dedans quand il faut la nettoyer ; elle est de plus enrichie de têtes de lions et d'autres ornements d'or pur.

Les statues de la Vierge et des saints sont d'argent massif ou recouvertes d'or, et ornées de pierres précieuses. Les autres églises renferment aussi des trésors du plus haut prix ; celle du couvent de Saint-François a des tableaux d'une grande beauté. Dans celle de l'Incarnation, on admire une statue de la Vierge en argent massif et du plus beau travail. Enfin, on vient visiter, dans un troisième couvent fondé par Cortès, les cendres de ce conquérant renfermées dans un beau mausolée érigé à sa mémoire.

La population de Mexico est de **180,000** habitants, dont une moitié est de race blanche, un quart de race indienne et le reste de sang mêlé.

N'oublions pas que cette riche capitale espagnole est bâtie sur les ruines de l'antique Tenochtitlan, capitale de l'empire mexicain renversée par Cortès. Les Espagnols vainqueurs ont détruit tous les édifices de l'ancienne ville ; on en trouve à peine quelques vestiges. La cathédrale s'élève sur les ruines du grand temple à Tezcatlipoca, la première des divinités astèques après Téotl, l'Être suprême et invisible. Cinq mille personnes étaient attachées au service de ce temple ; il était environné de trente-neuf autres temples, et ses murs étaient revêtues de têtes d'hommes immolés. L'empereur Montezuma avait un immense palais dans le centre de la ville ; on y comptait plus de mille salles, dont une pouvait contenir plus de trois mille personnes ; ces salles étaient ornées de marbres fins et de boiseries de cèdre et de cyprès. Outre ce palais, le prince en possédait plusieurs dans la ville, des logements pour recevoir les ministres et les officiers, des maisons pour les étrangers, des ménageries, de beaux jardins et des bois clos de murs pour la chasse. Suivant M. de Humboldt, la ville pouvait bien contenir 300,000 habitants.

On ne peut trop s'étonner qu'un vaste empire, comme celui du Mexique, ait pu disparaître entièrement sous la fureur d'un si petit nombre d'aventuriers espagnols. Le monde ancien a laissé, sur la surface du monde moderne, de grands monuments et beaucoup de ruines; mais les vastes empires américains qui n'ont apparu qu'un jour, il y a trois siècles, aux yeux de leurs destructeurs pour disparaître le lendemain, n'ont presque rien laissé qui fût capable de perpétuer la mémoire de leur grandeur évanouie. Pour ce qui concerne la grandeur de l'ancienne ville, tout à Mexico se borne à un grand calendrier mexicain, à la pierre des sacrifices, et à la statue colossale de la déesse Tesyaotimiqui (pardon pour ce nom barbare), horrible divinité taillée dans un bloc de basalte de neuf pieds de haut et à laquelle on offrait par milliers les cœurs palpitants des victimes humaines.

III.

Lima : la vallée qui l'environne ; ville belle et régulière ; peu de chose pour l'art ; sa richesse ; les oiseaux dans la cathédrale ; les tremblements de terre. — Cusco, première capitale du Pérou ; ses souvenirs ; musée américain au Louvre.

A deux lieues de l'embouchure de la Rimac dans le grand Océan, s'élève, à 6,000 pieds au-dessus de cette mer, Lima, la capitale de la république du Pérou. Elle est placée dans une magnifique vallée des Andes, environnée de somptueuses maisons de campagne, de jardins et de vergers ; sa situation est saine, et l'art lui procure une fraîcheur que son soleil brûlant semblerait devoir lui refuser. Grande ville, moins considérable que Mexico, et peuplée seulement de 80,000 âmes, Lima est bâtie en forme de triangle, entourée d'une muraille en briques, flanquée de trente-quatre bastions et percée de sept portes du côté de la rive droite de la rivière ; on entre dans ses murs en traversant le faubourg de San-Lazaro, qui par lui-même est un très-beau quartier.

Rien n'est beau comme les abords de Lima, du côté de la mer. En sortant du vaste faubourg que nous venons de nommer, après avoir traversé la rivière, sur un beau pont en pierres de cinq arches, on trouve une avenue bordée d'une double rangée de beaux arbres où les habitants viennent chercher quelque fraîcheur, le soir, ou du moins tromper les fatigues du jour par les délassements de la promenade. Sur la grande place, qui n'est pas éloignée, se montre la cathédrale avec ses tours et un grand nombre d'édifices groupés avec majesté autour de ce monument religieux ; au milieu de la place on voit une superbe fontaine en bronze, avec une Renommée jetant l'eau par sa trompette, et dix-huit lions qui la font jaillir de leurs gueules, avec plus de grandeur et dans un autre volume que les lions de la fontaine du Château-d'Eau à Paris.

La ville est admirable par sa régularité ; ses rues intérieures, comme celles de son magnifique faubourg, sont parallèles, coupées à angles droits, pavées de petites pierres rondes, comme à Mexico, et arrosées par de nombreux ruisseaux. Ses maisons, en briques et en bois, propres, revêtues de plâtre, et peintes à l'extérieur, n'ont généralement qu'un étage ; ce qui fait que cette ville occupe une surface très-étendue, par rapport à sa population.

A Lima, comme à Mexico, et en général en Amérique, les monuments d'architecture peuvent plaire par leur somptuosité et par leur effet lointain, mais l'art en est le plus souvent absent ; il ne faut guère leur demander le goût et le style. Ils sont surchargés de sculptures et de détails de peu de valeur artistique. Il n'y a pas de construction en pierre qui s'élève à une certaine hauteur ; les clochers et leurs dômes sont en bois revêtu de plâtre.

Mais s'il s'agit des trésors que la cité renferme, surtout dans ses églises, Lima peut le disputer à Mexico. Les diamants, l'or et l'argent éclatent de toutes parts

dans les temples. Une circonstance assez singulière
c'est de voir, suspendues dans le chœur, des cages
en argent, remplies d'oiseaux qui mêlent leur ra-
mage aux chants des fidèles et aux accords de
l'orgue. Ce spectacle a lieu de surprendre un Européen, dit Malte-Brun ; le géographe se trompe, il se
passe à Paris quelque chose d'analogue. Il suffit
d'assister à un office de Notre-Dame pour voir aussi
une multitude d'oiseaux qui gazouillent et volent sous
les arceaux, parmi les feuillages sculptés des beaux
arbres de pierre dont notre cathédrale est peuplée.
Mais n'oublions pas que nous sommes à Lima, et pas
encore à Paris.

Les habitants de Lima, selon M. de Monglave, se font
remarquer par leur politesse et par tout ce qui semble
annoncer une civilisation raffinée. Dans toutes les
classes, le luxe est une passion qui ne connaît pas
de frein ; elle éclate dans les vêtements, dans les voitures, les meubles, le jeu, les bals, les concerts.
les festins, dans les églises, dans les promenades,
au théâtre, au cirque, partout où la population péruvienne peut se montrer dans l'éclat de sa parure et
dans la prétention à éblouir. Et cette disposition au
luxe n'est pas nouvelle, car en 1682 les habitants
de Lima, voulant honorer l'entrée solennelle d'un
vice-roi, pavèrent d'argent massif la rue par laquelle
il devait passer pour prendre possession de son gouvernement.

Si cette capitale est le séjour de la richesse, et celui de la beauté quant à la nature et au ciel admi-

rable qui l'environne, il manque, au milieu de ces splendeurs, la plus grande chose du monde : la sécurité. En 1746, un tremblement de terre détruisit les trois quarts de la ville, et fit disparaître son port, la petite ville de Callao. La destruction fut complète. De plus de trois mille habitants que contenait Callao, on dit qu'il ne resta qu'un seul homme pour porter la nouvelle d'un événement si funeste. Il se trouvait dans un bastion ayant vue sur le port. Tout à coup il vit tous les habitants sortir de leurs maisons, bouleversés par la terreur. Un instant plus tard, la mer, après s'être retirée à une distance assez considérable, précipitée par la violence du tremblement intérieur, revenait en montagne écumante, et il avait suffi d'un moment pour ensevelir cette population. Le bastion résista, et l'homme fut sauvé.

Dans notre siècle, en 1828, un autre tremblement de terre renversa le plus grand nombre des édifices publics et un grand nombre de maisons. Un millier d'habitants y perdirent la vie. Dieu a fait de Lima l'un des plus délicieux séjours de l'Univers. Mais, Dieu ne veut pas que l'homme trouve ici-bas sa demeure permanente ; il a suspendu sur la tête de ces heureux Américains le glaive de Damoclès. Nous faisions plus haut cette observation à propos de l'Hindoustan et de sa riche nature, asile des serpents et des tigres. Cette vérité est la même en Amérique et en Asie ; la nature laisse percer une menace dans ses sourires les plus épanouis.

Lima est la capitale du nouveau Pérou et du vaste empire espagnol fondé par Pizarre après la destruction des Incas; mais il faut bien aussi dire quelques mots de Cuzco, la seconde ville du Pérou et son ancienne capitale. Il y a à Cuzco 40,000 habitants; la ville est grande et belle; mais qui pourra dire ce qu'elle était au temps de sa première grandeur? Qui pourrait rappeler le fidèle souvenir de l'antique civilisation péruvienne, dont les grands monuments ont été si complétement détruits par les Espagnols? Les temples du Soleil, les cordelettes ou quipos, le calendrier péruvien, les routes tracées sur les Cordilières, les ponts hardis jetés sur les torrents prouvent avec évidence, dit M. de Humboldt, la haute civilisation à laquelle était parvenu le peuple péruvien à l'époque où il succomba sous la conquête espagnole.

Le temple du Soleil, si fameux par l'éclat de son culte et par ses sanglants sacrifices, occupait l'emplacement du couvent actuel de Saint-Dominique, à Cuzco. Ses quatre murailles étaient lambrissées de plaques d'or. Sur le grand autel, tourné vers l'Orient, on voyait, s'étendant d'une muraille à l'autre, le Soleil, également d'or et d'une seule pièce, avec le visage rond et entouré de flammes. Des deux côtés étaient les corps des Incas, embaumés, rangés par familles et assis sur des trônes d'or. Le toit était en bois et couvert de chaume, parce qu'on ignorait l'usage des tuiles. A côté du temple régnait un cloître à quatre faces, entouré d'une guirlande d'or de plus d'un mètre de largeur. Autour du cloître s'élevaient cinq pavillons avec des toits en pyramide. L'un, consacré à la Lune, femme du Soleil, avait ses portes et ses murs couverts de plaques d'argent. L'astre, également en argent, était représenté par un visage de femme. Des deux côtés étaient les corps, aussi embaumés, des souverains du Pérou. Les autres pavillons, également magnifiques, étaient dédiés aux Étoiles et à la Foudre ; le dernier était destiné aux prêtres, qui tous devaient être de la famille des Incas. Les vierges consacrées au culte du Soleil étaient renfermées dans un monastère, bâtiment éloigné du temple.

Les faubourgs de l'ancien Cuzco étaient une sorte d'abrégé de tout l'empire : chaque nation soumise était tenue d'y envoyer une députation qui s'y fixait dans un site entièrement semblable à celui de sa patrie. Les gouverneurs des provinces y avaient des hôtels qu'ils habitaient quand ils se rendaient à la cour. Chaque peuple devait y conserver ses mœurs, ses usages, ses vêtements.

Quand les Espagnols arrivèrent à Cuzco, ils y trouvèrent une grande forteresse non terminée, à laquelle on travaillait depuis un demi-siècle. Cette forteresse avait une triple muraille d'enceinte ; dans la troisième étaient trois tours dont une de forme ronde, pour recevoir l'Inca. Des souterrains, disposés avec art, et formant une espèce de labyrinthe, unissaient les trois tours. Ces constructions étaient faites avec des pierres, dont quelques-unes avaient bien quarante pieds de long sur vingt de large, et deux d'épaisseur, de forme irrégulière, ajustées avec une merveilleuse précision ;

on voit encore quelques-uns de ces grands débris,
qui rappellent les murs antiques de la Grèce et de l'I-
talie, si connus des archéologues sous le nom de *murs
cyclopéens.*

Aux portes de Cuzco commençaient deux immenses
chaussées de cinq cents lieues, allant à Quito, l'une
par le littoral, l'autre par les montagnes. Pour construire cette dernière, il a fallu rompre des rochers,
combler des vallées et des précipices ; de distance en
distance on trouvait des arsenaux, des hospices et des
temples ; le chemin de la mer avait quarante pieds
de largeur.

Il reste si peu de chose, à l'exception de quelques
ruines informes de ces grands monuments d'un vaste
empire, que l'on ne peut s'empêcher, au Pérou comme
au Mexique, d'admirer les impénétrables décrets de
la Providence qui efface, quand il lui plaît, du sol de
la terre les plus vastes empires et brise les trônes les
plus vénérés et les mieux affermis. Une ruine remarquable, et qui conserve les souvenirs de célèbres événements, se trouve dans la ville de Caxamarca, où fut
assassiné les ouverain du Pérou. On voit, parmi les
restes d'un palais, la chambre où l'Inca, le malheureux
Atahualpa, après trois mois de captivité fit une marque sur le mur, promettant d'amonceler à ce point l'or
et l'argent de sa rançon. Dans une chapelle, un autel
est élevé sur la pierre où fut tué l'Inca, et sous laquelle
il fut enterré. Ailleurs on visite les ruines d'une ville
péruvienne. Des maisons sont encore debout autour
d'un monticule. Les murs du rez-de-chaussée sont

d'une prodigieuse épaisseur ; il y a des pierres de douze pieds de long sur sept de haut, qui forment tout un côté de la chambre. Au-dessus de cette rangée s'en élevaient sept autres adossées à la montagne, chaque rangée supérieure ayant une terrasse sur le bord de la rangée inférieure. Tout au haut on voit les ruines d'un palais ou d'un fort. Une ville de cette nature, une telle disposition des maisons, des rues, des places, ne laisse pas que de former un ensemble assez original qui ne se rapproche en aucune façon des célèbres ruines de l'ancien monde, dans la plaine de Thèbes ou dans celle de Pompéi.

En décrivant, pour nos jeunes lecteurs, les deux grandes villes modernes de Mexico et de Lima, nous n'avons pu nous défendre de jeter aussi un coup d'œil rétrospectif sur les souvenirs qui peuvent rester de l'antique splendeur de l'empire des Astèques et de celui des Incas, sur ce sol maintenant couvert de florissantes cités espagnoles. L'industrie moderne, par ses merveilleuses découvertes, renouvelle le monde, mais elle ne crée pas des cités comparables aux capitales de l'antiquité. Cela est vrai, non-seulement en Orient où rien ne remplace Babylone et Memphis, non-seulement en Europe où il y eut Athènes et l'ancienne Rome, mais même en Amérique où brillèrent Tenochtitlan et Cuzco dans les vastes empires où s'élèvent encore avec orgueil, mais avec une splendeur moins grande, Mexico et Lima.

Nous avons eu occasion, au sujet de Ninive et de Memphis, de montrer à nos lecteurs quelques souve-

nirs vivants de ces cités évanouies, à Paris même,
dans les salles du Louvre. Là aussi il y a un musée
mexicain; mais les objets qu'il renferme sont loin de
donner une idée suffisante de la civilisation de l'ancien empire de Montezuma, si l'on en juge par les
souvenirs dont nous venons de vous entretenir, surtout par ce que les voyageurs ont rapporté des ruines
de Palenqué, au Mexique. Néanmoins il y a dans cette
collection des objets intéressants, instructifs, et pouvant marquer à un certain degré un état de civilisation analogue à celui des autres nations antiques du
haut Orient.

Vous irez donc, si l'occasion vous en est donnée,
au rez-de-chaussée de la cour du Louvre, visiter cette
collection; vous ne verrez pas sans un véritable intérêt ces figurines, statuettes de divinités, laides, sauvages, barbares, assises sur leurs talons, les mains
posées sur leurs genoux, aux coiffures variées, soit
coniques, soit à bandes et retombant sur les joues à la
manière des statues égyptiennes : art informe et gros-
sier, caractère proto-oriental. Puis il ne sera pas inutile de parcourir du regard ces objets d'usage, po-
teries dont un grand nombre sont fines et d'un galbe
élégant, vases de métal, instruments de toute espèce,
ornements, réseaux, tissus de fil et de laine, parures
des femmes (peut-être des prêtresses du Soleil près
du grand temple), et ces quipos si connus, cordelettes
par lesquelles les Mexicains suppléaient au manque
de l'écriture; enfin, ces mille objets, témoins d'une
civilisation qui paraît avoir été fort avancée, avant

de s'être soudainement éteinte sous la cruelle domination des aventuriers espagnols au seizième siècle.

CHAPITRE III.

CONSTANTINOPLE.

Aperçu historique; sa position; ses faubourgs, Péra; Stamboul, ses quartiers, physionomie de ses rues, places, édifices publics, palais, mosquées, monuments antiques; beaux alentours de Constantinople. — Le peuple turc considéré dans sa capitale. — Commencement de civilisation européenne.

Maintenant entrons en Europe, dans cette vieille partie du monde où déjà nous avons trouvé deux capitales antiques, Rome surtout, que nous retrouverons, reine encore, reine auguste du monde moderne, du monde chrétien. Mais pour nous arrêter dans chacune des capitales européennes, il faut procéder avec quelque plan; le nôtre est d'aller du plus loin au plus près, et de parcourir ces illustres cités en commençant par les plus reculées de nous. Or, la grande ville européenne qui tient le milieu entre les deux civilisations de l'Orient et de l'Occident, entre l'Europe et l'Asie, est la reine du Bosphore, Constantinople.

Cette célèbre capitale fut fondée par l'empereur Constantin, sur les ruines de l'ancienne Byzance, vers l'an **326** de l'ère chrétienne; elle reçut d'abord le nom de Nearoma (Nouvelle-Rome): cette cité, dans la pensée des empereurs, étant destinée à devenir la nouvelle capitale de l'Union. Constantin étant mort, elle prit le nom de son fondateur, et fut douze siècles la capitale de ce qui fut appelé tour à tour l'Empire d'Orient et le Bas-Empire. Aucun pays n'a éprouvé de plus nombreuses et de plus sanglantes révolutions. Elle tomba au pouvoir des Turcs sous Mahomet II, qui l'emporta d'assaut le 29 mai 1453 ; son dernier empereur, nommé aussi Constantin, comme le premier, y mourut glorieusement. Depuis ces trois siècles, elle a survécu aux révolutions comme au joug musulman, et, malgré bien des motifs de décadence, elle est encore admirable par sa richesse, sa grandeur et l'incomparable beauté de sa position.

Constantinople est située sur un promontoire qui s'avance en forme de triangle ; elle est baignée au sud par les flots de la mer de Marmara, l'ancienne Propontide ; à l'est, par le canal qui prit son nom, anciennement le Bosphore de Thrace. Ses murs d'enceinte occupent encore l'emplacement de ceux qui avaient été bâtis sous Théodose II. La ville a vingt-huit portes, dont quatorze du côté de l'est, sept du côté de Tyr et autant du côté de la Propontide.

Quand on arrive à Constantinople par le canal, on tourne vers le nord ; là un golfe de ce canal forme le port le plus beau et le plus assuré qui existe dans le monde entier. Il est long de trois mille mètres, sur une largeur qui varie de trois à cinq cents. Les Turcs lui donnent le nom de la Corne d'or. Je suppose que vous, Français, vous venez d'arriver par mer dans cette grande ville. Une fois dans le port, vous avez d'un côté, la ville turque, Stamboul, de l'autre les trois faubourgs, Tophana, Péra, Galata (sans parler de Scutari, quatrième faubourg de la capitale de l'empire ottoman, mais sur la côte d'Asie), qui montent en amphithéâtre vers le nord ; c'est là que vous vous rendez nécessairement, car l'étranger n'habite point la ville turque, il la visite seulement. Le premier de ces faubourgs n'est remarquable que par la caserne d'artillerie dont il tire son nom. Péra, située sur une hauteur, est généralement une ville franque. Là résident les ambassadeurs et la foule des chrétiens étrangers. Galata, plus près du port et de la douane, est le centre du commerce européen, dans cette ville asiatique ; elle est environnée de murailles flanquées de tours et de fossés. C'est une chose fort curieuse que de voir la diversité des nations qui habitent les quartiers francs ; véritable tour de Babel, toutes les langues, tous les costumes, toutes les nations y sont représentées.

Entrons à Stamboul. En traversant le port, on demeure frappé du manque de beauté de son ensemble. La plupart des maisons sont en bois et fort basses, les rues étroites, sales et tortueuses ; le silence qui y règne à toutes les heures n'y est jamais interrompu par le bruit des voitures. Les portes de la ville sont fermées une heure après le coucher du soleil, et comme il n'y a point de spectacles, point de soirées dans cette morne population, chacun se retire chez soi dès que le muezzin a annoncé du haut des minasets l'heure de la prière du soir. L'intérieur de la ville reulement est un peu diversifié par les cafés, par les

boutiques où l'on vend l'opium, par les khans, ou hôtelleries, et les bazars, établissements de vente générale; remarquons en passant que ce mot est bien
francisé depuis qu'il est si bien de mode d'appeler le
Palais-Royal le grand bazar parisien; il y a de fort
beaux bazars à Constantinople, mais généralement
les boutiques ont peu d'apparence.

Un grand quartier, qui s'étend le long du port et
qui porte son caractère, sa physionomie propre, sa
population, c'est le Fanar, habité par les débris des
anciennes familles byzantines qui, tout en tremblant
sous le sabre musulman, portent des titres de prince,
marchandent les souverainetés temporaires de Vala-
chie et de Moldavie, s'enrichissent par tous les
moyens, semblent enfin, après trois siècles écoulés,
perpétuer, sur les rives du Bosphore, la tradition du
Bas-Empire et les souvenirs effacés de la Constantinople grecque.

Visitons maintenant avec ordre les monuments
principaux de Stamboul : 1° le Sérail, palais du Grand
Seigneur, bâti sous Mahomet II, sur la pointe du promontoire, sur l'emplacement de l'ancienne Byzance;
il a quatre milles de circonférence, de hautes murailles et huit portes; les étrangers ne sont admis que
dans les deux premières cours. Du reste, si l'aspect
général est pittoresque, le palais en soi n'a rien de régulier; mélange désordonné de pavillons, de prisons,
de casernes et de jardins, il n'offre aux regards intelligents rien de régulier, rien qui puisse longtemps captiver ceux qui ne veulent admirer qu'autant que la na-

ture ou l'art ont empreint de leur sceau l'objet qui prétend à l'admiration ; 2° la grande mosquée de Sainte-Sophie, église dédiée dans le sixième siècle à la sagesse divine par l'empereur Justinien, et qui fut conservée au seizième siècle, parce que le vainqueur la transforma en mosquée. C'est une des merveilles de l'architecture. Sa voûte elliptique et non sphérique fait après douze siècles l'admiration générale, et rivalise en hardiesse avec le dôme de Saint-Pierre à Rome ; 3° la grande place du Meidan dans l'emplacement de l'ancien hippodrome, devenue célèbre par le massacre des janissaires. On y voit l'obélisque de Thèbes ; moins élevé que l'obélisque de Louksor, à Paris, il est placé sur un piédestal de marbre blanc, dont les sculptures, du temps de Justinien, sont à moitié cachées par le sol dans lequel il est enfoui de plusieurs pieds. Un autre obélisque à moitié détruit s'élève plus loin. On remarque aussi sur cette place une colonne toute en bronze, autour de laquelle s'enroulent trois serpents dont les têtes n'existent plus ; elle passe pour avoir soutenu le trépied sur lequel s'asseyait la pythonisse dans le temple de Delphes : on l'appelle la Colonne serpentine ; 4° le château des Sept-Tours, bâti par Mahomet II, en 1481, triste monument, situé à l'angle méridional qui ferme la ville près de la mer de Marmara : il n'a plus que quatre tours, les trois autres ont été successivement renversées par les tremblements de terre. C'est la prison d'État, qui n'est point inoccupée sous le gouvernement despotique des Turcs. On trouve

dans son enceinte un monument antique fort connu,
la Porte-Dorée, arc de triomphe érigé par Théodose le
Grand, surmonté d'une Victoire en bronze jadis doré ;
5° les mosquées. Nous venons de citer la principale,
la plus célèbre, celle de Sainte-Sophie ; il y en a
quatorze dites impériales, et trois cents de diverses
classes réparties dans la ville et les faubourgs. On
distingue la mosquée du sultan Achmet, celle du sultan Soliman, celle de la sultane Validé, la mosquée
d'Eyoub où le sultan a coutume d'aller ceindre le
sabre impérial. Bâties sur les points les plus élevés,
et entourées d'arbres et de jardins, les mosquées, bien
que dépourvues, en tant qu'édifices, de grâce et de
majesté, ajoutent beaucoup à la beauté de la capitale.

A ces édifices joignez quelques monuments antiques ou curieux, que le voyageur ne doit pas manquer de rechercher dans la ville de Constantin. Tels
sont en particulier les aqueducs de Valens et de Justinien, qui fournissent l'eau aux habitants de cette
grande ville.

Les voyageurs ne tarissent pas en éloge sur les
beaux alentours de Constantinople et les charmantes
rives du Bosphore. Le palais d'été des sultans occupe
une partie de ce rivage. Plus en arrière s'élève Bel-
grade, habitée par les plus riches familles chrétiennes
de Péra et de Galata ; un bois d'arbres fruitiers, des
fontaines limpides, des gazons toujours verts, un air
pur et frais, tel est ce charmant asile d'où les chaleurs,
les incendies et la peste sont bannis. En sortant de
Constantinople par le quartier des Juifs, on arrive au

faubourg d'Ayoub, remarquable au loin par le bois de cyprès qui ombrage son vaste cimetière ; là déjà le port, en se resserrant, commence à prendre l'aspect d'une belle rivière ; bientôt la promenade des Eaux-Douces étale ses charmes agrestes. Tous ces beaux rivages sont en général semés de bourgs et de villages à moitié cachés sous la verdure des platanes.

Sur le bord du canal Roumély-Hessar est le plus fort des châteaux qui défendent le Bosphore. Le bourg de Thérapia, à trois lieues de la capitale, est remarquable par sa position. Situé au fond d'un bassin circulaire, ses maisons s'élèvent les unes au-dessus des autres comme les bancs d'un amphithéâtre. Des jardins qui s'étendent de la manière la plus pittoresque sur des collines naturelles, couronnées chacune par un peuplier ou un pin et formant un rempart vert autour de l'habitation, complètent ce village champêtre, où il n'y a ni rues, ni places, ni promenades publiques. Les maisons sont basses et en bois, et leur rouge sombre indique de suite, à l'étranger qui vient de passer devant le blanc sérail du sultan et le palais éblouissant de Fondoukly, les demeures des castes méprisées, arménienne et grecque. Ajoutez que dans ces villages du Bosphore on trouve l'hospitalité, les mœurs pures, le bonheur domestique et les habitudes patriarcales.

Un peu plus loin, vers la mer Noire, est Bouïoukdéreh ou la grande plaine. C'est un petit village, ou plutôt une longue rangée de maisons, asile préféré de la diplomatie européenne. Chaque habitation est réservée à un ambassadeur et représente une nation. Plus loin enfin, au milieu des bosquets de cyprès, des jardins et des roses, Andrinople, que les Turcs appellent la seconde résidence du sultan, élève ses nombreux minarets et étend sa population de cent mille âmes dans la vaste plaine arrosée par l'Hèbre, actuellement le Maritza, pays renommé, qui fut autrefois la Thrace.

Il est difficile d'exprimer les diverses sensations qu'éprouve le voyageur à la première vue de Constantinople et de sa merveilleuse position. L'entrée majestueuse du Bosphore, couverte de caïques, le port environné de ses faubourgs, de Péra, de Galata, de San-Dimitri, la grande ville de Scutari qui s'élève à l'opposite, les collines verdoyantes qui succèdent en arrière; la Propontide, avec ses îles riantes ; plus loin le mont Olympe couvert de neige, partout les champs variés et fertiles de l'Asie et de l'Europe, tout cet ensemble offre dans le même temps une foule de tableaux ravissants. On admire la beauté naturelle de cette grande ville, son port si sûr, si commode et si vaste, ville puissante, en effet, qui semble destinée à régner sur deux mers ou sur deux parties du monde.

On est heureux de vivre dans cette belle région favorisée du ciel, direz-vous, mon jeune lecteur, en lisant toutes ces merveilles orientales. Oui, sans doute, c'est une belle chose que ce ciel bleu et cette grande nature dont l'habitant de Constantinople est enveloppé; mais le résultat moral de ce livre sur les capitales est de vous attacher à la part que la Providence vous a donnée ; car les voyages, grâce au ciel, ne sont point la vocation générale de l'humanité. Voyez donc à propos de Constantinople le revers de la médaille.

Aussitôt qu'on est dans l'enceinte de Constantinople, ajoute ici la Géographie de Malte-Brun, on passe rapidement de la première impression d'étonnement et d'admiration à une seconde de surprise et de mécontentement. Cette grande ville est mal bâtie ; ce n'est qu'un amas de baraques turques ; les rues étroites, mal pavées, sont bordées de maisons irrégulières, mesquines, construites en terre et en bois. Les incendies y sont fréquents, et la peste y éclate presque chaque année. En 1831 dix-huit mille maisons furent la proie des flammes.

Nous connaissons Constantinople, la cité, ses monuments, son aspect, ses alentours ; maintenant il faut animer ce tableau, y placer la population turque, donner un aperçu, non pas des institutions politiques et religieuses de la nation ottomane, mais seulement de sa physionomie extérieure, montrer le Turc, tel qu'il se fait voir devant sa porte ou dans les rues de Stamboul.

Une nourriture frugale et surtout composée de végétaux, l'abstinence, du moins en général de vin, l'habitude des exercices mâles, tels que l'équitation et le maniement des armes, mais, par exemple, pas de danse ; une hospitalité cérémonieuse, un grand silence, des marques continuelles de dévotion, la gravité du maintien, l'ampleur des habits, la coiffure

imposante des turbans, les longues moustaches, ornement si cher aux Turcs et à tous les peuples d'Orient,
des habitations tranquilles et simples, des jardins solitaires, il est facile de se représenter, à ces traits, la
physionomie et l'ensemble de la vie des habitants de
Stamboul. Le Turc ne connaît point l'agitation de
nos sociétés ; il se repose mollement sur les coussins
de son sopha, fume son tabac de Syrie, s'échauffe du
café de Moka, exalte son imagination par une péril-
leuse consommation d'opium. Dans les rues, les mu-
sulmanes ne paraissent que couvertes de simples
voiles et d'habits qui dérobent les traits et la taille de
ces momies ambulantes.

Néanmoins, malgré ce qu'il y a d'immuable et
d'inhérent au fond oriental dans ce peuple barbare
campé en Europe, sa physionomie a bien changé sous
les derniers règnes. Le vieux et formidable despo-
tisme musulman a fléchi ; la Turquie doit au sultan
Mahmoud de grandes réformes. L'obstacle à vaincre
était la résistance des janissaires à toutes les réformes préparées par le sultan. Le 16 juin 1826, un
massacre général, imité de celui des Mamelouks en
Égypte, a délivré le réformateur des embarras que
lui causait cette milice turbulente. Ce fut l'ère d'une
existence nouvelle ; les dehors de la civilisation européenne se montrèrent à la cour. En 1834 le système des levées en masse, qui ne fournissait que des
troupes irrégulières, a été remplacé par une milice
recrutée, équipée et disciplinée à l'européenne. Le
turban a cessé d'être la coiffure du musulman ; une

calotte de drap ornée d'un long gland de soie l'a remplacé, une courte redingote bleue, des pantalons,
des bottes à éperons, forment aujourd'hui tout le costume d'un défenseur de l'empire ottoman.

« Mais le plus grand pas vers la civilisation a été
la publication, faite le 3 novembre 1839, du Hatti-
Schériff rendu par le sultan Abdul-Medjid, fils de Mahmoud. L'exécution de ce décret opéra une véritable
révolution civile et administrative dans l'empire ottoman. La vie et les propriétés des sujets du sultan,
quelle que soit leur religion, sont placées sous la ga-
rantie d'une loi commune ; les différences dans les
impôts qui pesaient sur les peuples, selon la nation et le culte auxquels ils appartiennent, sont abo-
lies ; les musulmans et les rayas sont assujettis aux
mêmes charges et proportions de leur fortune ; les
étrangers sont protégés dans leurs personnes et leurs
propriétés à l'égal des nationaux ; la confiscation des
propriétés par suite des condamnations judiciaires est
abolie ; nul ne peut être mis à mort sans un jugement
public, rendu selon les formes de la loi ; un mode régulier pour la levée des soldats est établi, et la durée
du service fixée à cinq ans ; enfin, tous les fonctionnaires civils et militaires reçoivent du trésor public un
traitement qui autorise le gouvernement à punir avec
la dernière rigueur les exactions dont ils peuvent se
rendre coupables. »

Ce sont là de belles réformes ; c'est un grand pas
de fait dans le progrès. Mais la question est de savoir
si ces bonnes semences sont appelées à germer et à

croître, s'il y a de l'avenir dans ces préludes, si le Divan persistera dans cette voie, si les chefs de la religion n'exciteront pas une réaction en leur faveur; si enfin les vieux musulmans, qui voient avec peine s'établir cette révolution, laisseront détruire jusqu'au dernier les caractères extérieurs de leur nationalité. Quoi qu'il en soit, ce mouvement de la Turquie dans le sens du progrès européen est une des plus grandes choses qui aient été vues dans ce siècle si fertile en événements; et vous, jeunes Français, lecteurs de ce livre, que le désir de voir pourra amener à Constantinople un jour, vous vous applaudirez de reconnaître qu'il n'est pas de barrière en Europe à ce mouvement de la civilisation, dont votre patrie est le foyer, et qu'elle a reçu mission de propager.

N'oublions pas de dire, en terminant, que la population de Constantinople est de 500,000 âmes, parmi lesquels on compte 200,000 Turcs, 100,000 Grecs; le reste se compose de Juifs, Arméniens et Francs des divers pays de l'Europe.

CHAPITRE IV.

L'EUROPE DU NORD.

I.

Saint-Pétersbourg : origines ; ses îles, ses principaux quartiers ; l'A-
mirauté ; le palais impérial ; l'Ermitage ; l'église de Kasan ; la perspective de Newsky ; mœurs parisiennes dans cette capitale.

Au treizième siècle il existait, à peu près à la
place où est maintenant la capitale de la Russie, dans
une île de la Néva, une petite forteresse dont Pierre Ier
se rendit maître en 1703. Il voulut d'abord en faire
un fort avancé contre les Suédois, puis un port excellent pour son commerce maritime ; enfin il conçut
l'idée d'y placer le siége de son empire. Malgré les ré-
sistances des seigneurs russes, qui répugnaient à bâtir
des palais dans ce qu'ils regardaient comme un triste
lieu d'exil, l'inflexible volonté de Pierre Ier l'emporta ;
il créa Saint-Pétersbourg, la plus récente, et sous
un rapport la plus belle des capitales du monde.

Si, en effet, la principale beauté d'une ville consiste dans la parfaite régularité de ses rues, leur largeur, leur élégance, la grandeur des places, la masse
des édifices, Saint-Pétersbourg est sans contredit la
plus belle ville de l'Europe.

Elle consiste en plusieurs îles de la Néva, qui se
correspondent par des ponts divers, et que nous allons
décrire avec les édifices dont elles sont couvertes.

La ville centrale, la vieille ville, la moins belle, est

placée dans la grande île, proprement appelée l'île de Saint-Pétersbourg. C'est là qu'est la citadelle, servant aujourd'hui de prison d'État; là aussi est la cathédrale, dédiée à saint Pierre et saint Paul, avec son clocher doré, qui s'élance à deux cent cinquante pieds de hauteur : les czars y ont leur sépulture. Là aussi les Russes, fidèles aux souvenirs patriotiques, aiment à contempler la petite maison qu'habitait Pierre Ier, quand il jetait les fondements de sa capitale.

L'île de Basile est la ville du commerce et des affaires, ce qui ne l'empêche pas d'être très-belle : douze rues d'une extrême longueur, et larges en proportion, tirées au cordeau, la sillonnent en tous sens. On y trouve les grands établissements de la capitale, la Douane, la Bourse, l'Académie des Sciences et les riches collections qui en dépendent, les Colléges, l'Académie des Beaux-Arts. Ce dernier édifice a une magnifique façade sur la Néva; son entrée est signalée par deux sphinx égyptiens, découverts près de l'ancien palais de Memnon, et amenés à grands frais dans la capitale de la Russie.

Une autre île, au sud des précédentes, renferme le quartier noble, appelé le quartier de l'Amirauté. D'abord il faut admirer la beauté de ses quais, le parapet qui les borde, avec le revêtement qui s'élève de la rive, et les escaliers ménagés pour descendre au bord de l'eau, les belles maisons, les trottoirs de granit. Voici les principaux édifices qui se font remarquer dans ce grand quartier.

1° L'Amirauté, vaste palais, contenant dans son

enceinte un chantier pour la construction des vaisseaux de ligne; au milieu du palais se trouve une tour couverte de cuivre doré et surmontée d'une flèche à laquelle aboutissent les principales rues de cette partie de la ville, et qui peut servir de guide à l'étranger perdu dans la capitale. Il y a dans le palais de l'Amirauté un beau musée de marine; ajoutons qu'une magnifique promenade de tilleuls, plantée par l'empereur Alexandre, entoure le palais et joint le quai Anglais et le quai de la Cour.

2° Le Palais impérial, nommé aussi palais d'Hiver, se trouve à l'extrémité du quai de la Cour. C'est, ou plutôt c'était un immense édifice plus grand que le Louvre, mais d'une architecture irrégulière et massive. Brûlé en 1837, il s'est relevé de ses ruines; sa forme genérale est un carré long, avec quatre façades, deux étages à colonnes superposées, une cour intérieure, et point de jardin. Vis-à-vis de ce palais, on voit la colonne Alexandrine, sorte d'obélisque taillé d'un seul bloc; elle fut placée là, sur son piédestal, en 1832, dans le même temps où l'obélisque de Louksor s'élevait sur la place de la Concorde à Paris. Toutes les capitales de l'Europe semblent rivaliser entre elles pour posséder quelques-uns de ces grands monuments des plus anciens âges du monde, qui semblent unir les nations aux nations, et les siècles qui ne sont plus aux temps si compliqués, si divers, dans lesquels s'écoulent nos générations.

3° Le palais de l'Ermitage, séjour chéri de l'impératrice Catherine II, communique au Palais impérial. C'est à l'Ermitage que sont les grandes collections d'art de Saint-Pétersbourg, les cabinets de physique, ceux des monnaies et des médailles, de superbes jardins suspendus sur des voûtes qui couvrent une vaste cour. Là surtout est la collection de tableaux, très-riche et très-belle; on y voit les ouvrages des plus célèbres maîtres de tous les pays et de toutes les écoles. Là se retrouve un tableau que nous avons vu récemment acheter par le czar, à une vente qui a retenti, et que nous aurions bien voulu voir retenir pour notre propre musée, un Christ debout portant sa croix, sublime ouvrage de Michel-Ange et de Sébastien del Piombo.

4° L'hôtel de l'État-major, beau bâtiment à forme circulaire, faisant face au palais d'Hiver. Au centre sous une arcade très-élevée, surmontée d'une Victoire sur un char traîné par six chevaux, s'ouvre une belle et large rue, une des plus belles de Saint-Pétersbourg.

5° Le palais du grand-duc Michel, orné d'une façade pour laquelle on a essayé d'imiter la colonnade du Louvre. Il se trouve sur le Champ-de-Mars, magnifique place bordée des deux côtés par de belles maisons, par le jardin d'été et par un beau canal.

6° Le théâtre d'Alexandre, sur la belle perspective de Newsky.

7° Le palais de marbre, assemblage bizarre et sans goût des ordres les plus divers, mais qui se fait admirer par le marbre et les autres objets précieux, qui y sont employés avec profusion.

8° L'ancien palais d'Été, simple pied-à-terre, bâti par Pierre le Grand, sur la rive gauche de la Néva, et remarquable seulement par ses souvenirs.

Enfin deux magnifiques églises, belles surtout par leurs décorations.

La première, l'église de Kasan, ou la cathédrale, imitation de Saint-Pierre de Rome, est un vaisseau de deux cent dix pieds de longueur sur cent cinquante-six de largeur ; on y admire cinquante-six colonnes de granit, chacune d'un seul morceau, avec la base et les chapiteaux en bronze. La porte Sacrée devant le maître autel et la balustrade sont d'argent massif ; partout les plus beaux marbres et les jaspes magnifiques ; le parquet offre une vaste mosaïque. Du côté de la grande perspective de Newsky, la façade de la cathédrale présente deux portiques avec une ordonnance de cent trente colonnes corinthiennes en demi-cercle, qui réunit les deux portiques au principal corps de bâtiment. La porte d'entrée, en bronze, offre une belle copie des célèbres portes du Baptistère de Florence.

Des lambeaux de drapeaux militaires sont suspendus aux voûtes de l'église. Si un Français, visitant Saint-Pétersbourg, est venu admirer l'église de Kasan, et qu'il s'étonne de cet ornement de la voûte, il devra s'incliner avec orgueil, en reconnaissant les trophées ramassés par les Russes, à la suite de l'armée française, après le désastre de 1812. Il y a des revers, dit un poëte, beaux comme des victoires ; et si ces drapeaux, illustres monuments, nous parlent de nos dé-

sastres, ils nous rappellent aussi les canons des Autrichiens et des Russes éternisés dans le bronze de la
place Vendôme. Les [fragiles débris suspendus à la
voûte de la cathédrale russe seront un peu plus tard
le jouet des vents, ils seront réduits en poussière ; la
colonne monumentale de l'armée française, à Paris,
sera contemplée par les siècles.

Une autre église, celle d'Isaac, est d'une grande
magnificence. Elle est toute moderne ; c'est une construction nouvelle, ou du moins renouvelée, qui date
de 1822.

Nous ne parlons pas des vastes quartiers, sortes de
faubourgs qui s'étendent sur les bords de la Néva,
particulièrement sur la rive droite. Là encore il y a
des palais, des établissements publics d'une grande
importance. Il faudrait surtout s'arrêter à la Litlinaïa,
quartier de la Fonderie, ainsi nommée de la magnifique fonderie de canons que Pierre Ier y a établie. Sa
principale rue est aussi une des plus grandes et des
plus larges de Saint-Pétersbourg. C'est dans ce quartier que se prolonge la perspective de Newsky, plantée
de si beaux arbres, entourée de nombreux édifices,
parmi lesquels le grand bazar, bâtiment immense,
couvert en tôle, rappelant le Palais-Royal de Paris,
et contenant bien trois cent cinquante boutiques. A
l'une des extrémités de la rue est le fameux couvent
de Saint-Alexandre de Newsky, où réside l'archevêque métropolitain, du schisme grec. C'est un vaste
château carré, entouré d'une muraille en pierre.
Trois églises sont contenues dans son enceinte, et entre

autres celle de la Trinité ; dans une sacristie de cette église se trouve le lit de repos où le célèbre fondateur de Saint-Pétersbourg, le civilisateur de la Russie, Pierre Ier, rendit le dernier soupir.

Nous venons de donner la description détaillée de Saint-Pétersbourg, capitale de l'empire russe. Ajoutons à tout ce détail que cette ville est quasi-française. Elle est si moderne et si neuve, que si par hasard un Français s'y trouvait transporté par enchantement (pourvu que ce ne fût pas un jour d'hiver aux bords de la Néva, car dans ce cas il serait fort dépaysé à la vue des mille équipages roulant sur la rivière glacée), ce Français croirait n'avoir pas quitté la France, il se regarderait comme dans un second Paris. Les usages de la société russe sont tout français ; ameublement, costumes, modes nouvelles, soirées, tout est de chez nous, et tout cela à un degré qui surprend, mais dont on peut se convaincre en lisant l'ouvrage de M. de Custine sur la Russie et sa capitale. Ajoutez que la population un peu choisie, la noblesse, si nombreuse en Russie, parle un français très-pur, à peu près sans accent. On ne peut trop s'étonner de la facilité, de l'élégance de diction que montrent les Russes dans cet idiome étranger pour eux. Tout enfants on les confie à un précepteur français, et notre langue est la première dont ils fassent usage ; arrivés à la jeunesse, ils se familiarisent avec nos grands écrivains. Aux divers âges de la vie, la pensée des Russes aime à se porter vers cette France, placée si loin d'eux, à l'autre extrémité du continent européen, et dont ils se sont accoutumés à envier les lumières, à admirer le mouvement intellectuel et la civilisation.

Mais s'il faut en croire un homme d'esprit, M. Ancelot, dans son livre ayant pour titre *Six mois en Russie*, il ne faudrait pas ajouter toute confiance à ce penchant des Russes, en particulier des Russes de Pétersbourg, pour les Français. « Le seigneur russe est très-hospitalier, il recherche les étrangers, surtout les Français ; mais ici, plus que partout ailleurs, il faut bien prendre garde de trop se confier à ces obligeantes démonstrations, qui ne sont souvent que d'aimables faussetés. Un étranger doit surtout éviter de se prodiguer ; car s'il s'abandonne d'abord aux affectueuses protestations dont il est l'objet, il se prépare pour l'avenir de tristes déceptions. Un Russe débute par se dire votre meilleur ami ; bientôt vous devenez une simple connaissance, et il finit par ne plus vous saluer. »

Si le mouvement rapide de la vie publique, si la facilité actuelle des voyages, vous amènent un jour sur les bords de la Néva, parmi les habitants de Saint-Pétersbourg, ces Français du Nord, comme on a pu les appeler avec assez de vérité, vous vous souviendrez de cette observation, et il vous sera peut-être utile de l'avoir recueillie.

II.

1. Varsovie, son aspect, sa grandeur, son histoire. — 2. Stockholm, grande ville, admirable position, Venise du Nord. — 3. Copenhague, ville savante; souvenirs de son attachement à la France.

Le nord de l'Europe nous offre trois autres capitales d'une importance moins grande que Saint-Pétersbourg, mais qui occupent aussi une juste place parmi les grandes cités; nous devons les visiter tour à tour, d'une manière plus rapide, et en rappelant quelques-uns de leurs souvenirs historiques.

1. *Varsovie.* — Située sur une élévation à gauche de la Vistule, la principale beauté extérieure de Varsovie se trouve dans ses quartiers neufs, tirés au cordeau, avec des rues qui se font remarquer par la largeur, l'élégance, la propreté. On compte à Varsovie un grand nombre de palais d'une architecture trop uniforme pour être beaucoup admirés en détail. Trois palais principaux y appellent les regards : le Château-Royal, placé sur une hauteur au bord de la Vistule, dans le faubourg de Cracovie; le palais de Saxe au milieu de la ville, avec un magnifique jardin servant de promenade publique, et le palais de Krasinski, occupé par le gouvernement. Elle a sur la Vistule un pont de pierre que l'on admire pour sa grandeur. Ce pont magnifique joint Varsovie à Praga, ville assez considérable, qui est comme un vaste faubourg aux portes de la capitale.

Les plus belles places de Varsovie sont celles de

Saxe, de Krasinski et de Sigismond, au milieu de laquelle s'élève une colonne en marbre, surmontée de la statue en marbre du roi Sigismond III, ouvrage de 1643. On y voit aussi la statue de Copernic. Le château royal bâti par Sigismond III a été décoré avec une grande magnificence sous le règne de Stanislas-Auguste. Dans le château de Lazienski, un faubourg de Nowy-Swiat, construction admirée pour son élégance, on voit la statue équestre de Jean Sobieski, foulant aux pieds les Musulmans vaincus. La cathédrale de Saint-Jean, fondée en 1250, est d'une véritable beauté; la nef est encore ornée des étendards enlevés aux Turcs par le héros polonais dont on va saluer les restes ensevelis dans le beau château de Willanow, célèbre édifice construit par les Turcs prisonniers de guerre, et où le sauveur de Vienne termina ses jours.

Quoique fort ancienne, l'importance de Varsovie ne remonte pas au delà de la réunion de la Pologne à la Lithuanie, quand la diète, qui alors se tenait à Cracovie, fut transférée aux bords de la Vistule, en 1566. Elle fut, sous Sigismond II, capitale de la Pologne. Charles X, roi de Suède, et Frédéric-Guillaume, électeur de Brandebourg, y remportèrent, sous ses murs, en 1650, la célèbre bataille de Varsovie, qui dura trois jours. Charles XII la prit en 1703. Quand la Pologne eut à subir un partage définitif, Varsovie fut loin de se soumettre sans résistance à sa destinée. Kosciusko repoussa de ses murs la garnison russe; mais Souwa-row la réduisit, et en 1795 la nouvelle ville fut, par un dernier partage, la proie du roi de Prusse. En 1806 elle se vit délivrée par Napoléon, qui érigea le grand-duché de Varsovie, dont il déclara l'indépendance. Les Polonais furent reconnaissants jusqu'à la mort; leur prince, leur héros, Poniatowsky périt pour la cause française dans les eaux du Danube à Leipsick. Les traités de 1815 rendirent Varsovie à la Russie. Après l'insurrection de 1830, elle perdit la plus grande partie de ses priviléges; car la Pologne avant la révolution conservait sa nationalité; elle avait reçu une constitution de l'empereur Alexandre; elle avait sa diète, votait l'impôt et discutait les lois.

2. *Stockholm.* — La capitale de la Suède s'élève dans une des plus pittoresques situations du monde : bâtie sur les deux rives, nord et sud, du lac Malaren, au point précis où le lac confond ses eaux avec celles de la Baltique. Elle se compose de deux presqu'îles, et de plusieurs îles formées par les golfes du Malaren et de la mer. Stockholm est la Venise du Nord; ses îles et les canaux qui les séparent sont comme les lagunes de l'Adriatique; elle est toute sillonnée par ses îles, ses quais, ses ponts multipliés et les barques sans nombre qui répandent dans tous les quartiers le mouvement du commerce et de la vie sociale.

La plupart des édifices sont construits en briques, quelques-uns sont en bois et revêtus de plâtre blanc ou jaune. Les maisons s'élèvent en amphithéâtre, entrecoupées de verdure, de rochers, de jardins où abondent les fleurs, de bassins transparents où les eaux murmurent et resplendissent, aux rares, mais ardents soleils du Nord. C'est un mélange d'eaux, de rochers, de maisons, de forêts qui forment un ensemble impossible à décrire. Au milieu de tout cela, Stockholm possède assez peu d'édifices remarquables, peu de belles maisons; elle est, sous ce rapport, inférieure à Copenhague, qu'elle surpasse beaucoup par sa situation pittoresque.

Les deux grands faubourgs, celui du sud et celui du nord, s'étendent le long de la double péninsule; la cité occupe trois îles. Ce qu'il y a de plus beau dans Stockholm est la grande place de Slottsbacken, bordée d'un côté par le château royal, de l'autre par un rang de belles maisons; cette place descend en s'élargissant jusque vers le quai où on voit la statue de bronze de Gustave III. Vers le haut de la place s'élève la cathédrale, et non loin un obélisque de granit.

Le château, dont on voit une façade sur la grande place, est construit sur une éminence en face de l'embouchure du nord; c'est un bâtiment carré, dont les principaux quartiers de la ville peuvent voir chacun un côté. La façade est ornée de vingt-trois croisées. Du côté du nord, au pied de chacune des rampes qui montent au château, un lion de bronze repose avec majesté. Les arcades qui regardent les quais sont en blocs de granit. Du côté de l'est, un jardin s'étend au-dessous de deux vastes galeries.

Le Château-Royal est un monument italien, dont le modèle serait à Florence. Cette architecture italienne peut sembler dépaysée et peu en harmonie avec ce qui l'entoure. Cependant le palais produit un effet imposant par sa situation sur la masse de rochers d'où il domine la ville et la mer.

La plus belle rue, celle de Skeppsbron, qui longe les quais, est d'une grande étendue; toute l'activité du commerce y est concentrée. Il y a d'autres belles rues, surtout celles de la Reine et de la Régence dans les faubourgs du nord; mais, en général, les rues de Stockholm sont anguleuses, sombres et étroites.

M. Ampère, dans ses *Esquisses du Nord*, décrit de la manière la plus pittoresque une promenade nocturne dans l'intérieur de Stockholm :

« C'était le 2 septembre, j'eus le spectacle d'une nuit admirable. Je me mis à marcher sans but dans cette singulière ville, que je n'avais fait qu'entrevoir. Je m'avançai du côté de la mer. Je trouvai un pont long et à fleur d'eau; je le passai, non sans m'arrêter souvent pour regarder les nombreux vaisseaux à l'ancre, rangés sous les fenêtres du palais; le palais lui-même élevait sa masse carrée au-dessus de la ville blanchie par la lune. Puis, au bout de quelque temps, je me trouvai sur des rochers où croissaient de grands chênes, et de l'autre côté de ces rochers je découvrais la mer qui les baignait. Là je m'assis comme fixé par enchantement. A ma gauche et à ma droite étaient d'autres rochers, surmontés par des maisons blanches; dans le lointain j'entrevoyais des promontoires, des golfes et des îles; à mes pieds se déployait une mer calme et brillante, sur laquelle se croisaient sans cesse de petites barques, et où de grands vaisseaux semblaient dormir. Derrière moi la ville avec les lumières, le bruit des voitures, les chansons du peuple ; en face, dans le fond du ciel pur, la lune pleine et resplendissante.

« Cette température, cette lumière me ravissaient ; je m'étonnais, à Stockholm, de penser à l'Italie ; mais ces sensations tenaient de l'ivresse et du prestige : si j'étais parti cette nuit, Stockholm m'eût laissé le souvenir d'une merveilleuse apparition. Le lendemain il pleuvait ; Stockholm était encore une très-belle ville, mais je ne pouvais comprendre que ce fût la même, et que ma promenade de la veille ne fût pas un songe. »

Heureux le voyageur que l'imagination seconde ainsi, qui reproduit ses impressions avec ce charme, et possède l'art du style avec cette supériorité ! Ailleurs le poétique écrivain décrit l'arrivée à Stockholm et le premier aspect qu'offre cette grande ville, au sortir des eaux du Milaren ou du Millar, comme il appelle le beau lac dont elle est baignée.

« Le temps était doux, le ciel voilé : c'était un jour d'automne, calme, mélancolique, parfaitement en harmonie avec le caractère paisible et triste des bords du lac Mellar, rochers bas, boisés, arrondis, lignes gracieuses, formes monotones, aspect solitaire, en général des sapins qui descendent jusqu'au bord de l'eau, mais aussi des aunes, des chênes, des tilleuls ; çà et là quelques maisons de bois rouge, quelque château moderne, qu'on voit de loin blanchir à travers la verdure : voilà ce que l'œil rencontre avant d'arriver à Stockholm.

« Tantôt le lac s'allonge comme un fleuve, tantôt il

s'ouvre en forme de bassin. Ces deux aspects se succèdent sans grande variété, jusqu'au moment où il s'élargit pour la dernière fois. On aperçoit alors, en sortant d'un canal assez étroit, la portion de Stockholm qui regarde le lac, et qui déploie peu à peu sa longueur, à mesure qu'on pénètre dans le golfe dont elle borde une partie. »

Nous résistons au désir de citer la description d'une belle aurore boréale dont le voyageur eut le spectacle comme une autre belle nuit à Stockholm ; obligés de quitter cette grande ville, nous devons pourtant visiter les belles promenades qui l'environnent.

Les environs immédiats de la capitale de la Suède sont d'une grande beauté ; ils ont quelque chose de sauvage, de doux et de solitaire. Il y a surtout deux promenades qui font les délices des habitants. La première est le Parc, jardin anglais, formé par la nature, plus étendu que le bois de Boulogne, mais autrement agréable et pittoresque, baigné à l'est par un golfe de la Baltique, où l'œil est constamment charmé par les accidents de la mer et le mouvement des voiles. Tout ce qu'on imagine de varié et de capable d'intéresser se rencontre dans ce parc ; des cerfs prennent leurs ébats dans les parties boisées. Les rivages sont couverts de belles maisons de campagne, parmi lesquels se fait remarquer le Rosendal, la villa royale.

« Dans le parc, dit encore M. Ampère s'exprimant en poëte, dans la délicieuse retraite du Haga, on trouve, en sortant de la ville, à côté de belles maisons de campagne, des solitudes au sein desquelles on pourrait se croire loin de toute habitation. Là, enfoncé dans un bois de sapins ou de chênes, entouré de rochers de granit, on voit de son désert un grand vaisseau ou une petite barque glisser et se perdre derrière le feuillage ; puis toute trace de vie disparaît. Faites quelques pas, et vous apercevez tout près de vous les édifices d'une capitale. »

L'autre promenade, le château de Drottningholm, résidence d'été de la famille royale, offre encore de plus abondantes ressources aux promeneurs de la capitale. Le château, par lui-même, est bâti dans la grande manière de celui de Versailles, et il ne le cède à aucun palais par la magnificence des jardins, l'abondance des eaux, et les accidents de la nature, qui, dans cet admirable séjour, l'emportent de beaucoup même sur tous les efforts de l'art.

La fondation de Stockholm remonte à l'année 1260, où elle fut bâtie d'abord sur les trois îles dont se compose la cité. Ses accroissements ne furent pas rapides ; et elle ne devint capitale qu'au dix-septième siècle, quand la ville d'Upsal, ancienne résidence des rois, qui jusqu'au dixième siècle portèrent le titre modeste de rois d'Upsal, fut enfin délaissée pour la forte cité des îles du Milaren.

Les mœurs, à Stockholm, sont toutes françaises ; notre langue y est aussi familière qu'à Saint-Pétersbourg.

3. *Copenhague.* — Voici encore une noble capitale, une grande cité, une des légitimes souveraines du Nord. La capitale du Danemark est située dans l'île de

Séeland, sur les bords du Sund , qui est large en cet endroit d'environ dix lieues ; elle est séparée de l'île d'Amak par un étroit bras de mer. Fondée en **1043**, le jour de Noël, la grande cité danoise ne fut d'abord qu'un hameau habité par des pêcheurs ; elle fut érigée en ville en **1284** , et devint en **1443** la résidence des rois.

Ce qui fait la principale beauté de Copenhague , c'est sa position maritime, moins belle pourtant que celle de Stockholm, car la ville se déploie à fleur d'eau, sans aucun de ces escarpements qui diversifient si singulièrement l'aspect de la cité suédoise. C'est une ville régulière, ayant de belles rues, de belles maisons, de superbes places. On admire principalement la place de Frédéric, où aboutissent quatre rues belles et larges , ornée de la statue équestre en bronze du roi Frédéric V. On y voit de très-beaux édifices, parmi lesquels se fait surtout remarquer le château de Christiansborg, entièrement détruit en **1795** et rebâti avec plus de splendeur.

La principale gloire de Copenhague, le point de vue sous lequel elle peut être appelée capitale du Nord, c'est le grand nombre et l'importance de ses établissements consacrés à l'instruction publique, à la science, aux arts.

Il y existe douze sociétés savantes, plusieurs musées qui renferment des trésors, trois bibliothèques publiques, et un athénée dans lequel on trouve les journaux et les nouveautés les plus intéressantes publiées dans les diverses langues de l'Europe. Ce qui paraît à

Paris est après neuf jours sur la table de l'Athénée de Copenhague. La bibliothèque de l'Université est surtout précieuse par les manuscrits recueillis en Islande, le foyer et le sanctuaire de l'ancienne poésie et de l'ancienne histoire du Nord.

En arrivant à Copenhague, on reconnaît les traits d'une splendeur déchue. Ce port immense, maintenant presque vide, cet arsenal, aujourd'hui silencieux, c'était autrefois le théâtre d'une grande activité maritime, un des vastes entrepôts du monde.

De hauts souvenirs historiques unissent à la France le Danemark, et surtout sa capitale. Dans les longues guerres de l'empire français contre l'Europe, les Danois comme les Polonais demeurèrent jusqu'à la fin alliés fidèles de notre cause; l'aigle blessée ne fut pas abandonnée par ce peuple comme elle le fut de tant d'autres, qui l'avaient suivie avec enthousiasme dans son vol triomphal.

Copenhague prit la part la plus active à ces grandes guerres; deux fois elle fut victime de son dévouement. En 1801 l'amiral Nelson en forma le siége, et malgré les prodiges de valeur déployés par ses habitants, il la força de reconnaître, un instant du moins, la souveraineté anglaise. Puis en 1807, après la paix de Tilsitt, par une odieuse violation du droit des gens, qui restera une tache pour l'Angleterre, une flotte anglaise parut dans le Sund, commandée par l'amiral Gambier; les Anglais débarquèrent à trois lieues de la ville, dont ils commencèrent le siége. La sommation faite d'ouvrir les portes ayant été repoussée par les habitants, un bombardement de trois jours, qui jeta dans les murs de Copenhague la désolation et la ruine, fut le prix de cette héroïque résistance. Copenhague garde encore des traces de cette calamité. Un des premiers objets qu'on aperçoit en entrant dans ses murs est une église dont les décombres blancs ne portent point l'empreinte de la vétusté. Cependant son courage ne fut point abattu, la France ne perdit point un si généreux allié ; sa fidélité résista aux désastres d'Espagne et de Russie, et quand toute l'Europe était coalisée, en 1813, quand tout le Nord, et jusqu'à la Suède ingrate, avait réuni ses drapeaux contre nous, nous avions à Leipsick Polonais et Danois pour alliés, et le port de Copenhague ne s'ouvrit point encore aux ennemis de la France.

CHAPITRE V.

VIENNE.

I.

Origines ; aspect général des rues ; quartier du Burg-Flatz ; palais impérial ; bibliothèque ; musée ; portes du Bourg ; abus du badigeon à Vienne ; églises ; un chef-d'œuvre de Canova.

La ville de Vienne était déjà considérable sous les premiers empereurs romains ; Marc-Aurèle y mourut. On la voit paraître dans l'histoire du moyen âge en 1142 ; elle reçut de Henri Ier, duc d'Autriche, comme une nouvelle fondation. Vienne est la plus grande ville de l'Allemagne ; sa circonférence est presque aussi grande que celle de Paris, mais sa population ne dépasse pas 350,000 habitants, dont 50,000 seulement dans la ville centrale.

Son nom lui vient d'une petite rivière du même nom, qui coule au pied des remparts entre la partie méridionale de la cité et ses faubourgs, et qui se jette ensuite dans le Danube. La plaine où est située Vienne est admirable par sa fertilité et par les points de vue qu'elle étale. Les collines boisées qui bornent cette plaine à l'est, ses îles chargées d'arbres verts, les différents bras du Danube qui la sillonnent et qu'anime une active navigation, les montagnes lointaines qui bornent l'horizon, tout contribue à rendre le bassin dans lequel s'élève la ville impériale une des plus belles situations qui aient été destinées à recevoir une capitale.

Vienne est fermée, du côté de la campagne, par un fossé et un rempart de douze pieds de hauteur. La ville intérieure elle-même est séparée des faubourgs par un rempart d'environ cinquante pieds de hauteur, avec onze bastions, douze portes, un large fossé et un glacis de six cents pieds de largeur. Ses faubourgs sont au nombre de trente-quatre ; soixante-douze ponts jetés sur le Danube, sur la Vienne et deux autres ruisseaux, établissent la communication entre les faubourgs et la ville.

Quels que soient les accroissements de la capitale de l'Autriche, on reconnaît son origine ancienne dans l'intérieur de ses rues, dont la plupart sont étroites, mal pavées en pierre de granit, mais très-propres. La construction des maisons, généralement très-hautes, est lourde ; mais les principaux quartiers sont d'une grande splendeur, embellis de riches magasins, assez bien dans le goût de ceux qui animent la rue Vivienne à Paris.

Le quartier le plus beau est le Burg-Platz, place dans laquelle se développe le Bourg, ou Palais-Impérial. On y voit une superbe plate-forme bordée de beaux jardins, dont une partie est au public et l'autre réservée à la cour. Dans la partie du public appelée les Jardins du peuple (Volksgarten), on a construit un beau temple grec, sur le modèle, quant à la forme et aux dimensions, du temple de Thésée à Athènes ; seulement la brique revêtue de plâtre a remplacé le marbre blanc du temple grec. On y admire un groupe de Thésée vainqueur du Minotaure, l'un des plus beaux marbres de Canova. Le mouvement du Centaure sous la pression de Thésée, qui lui serre le cou de la main gauche et l'estomac du genou, est, selon **M. Viardot**, le plus beau, le plus heureux qui se puisse imaginer. Sa tête renversée, sa poitrine haletante, ses jambes pliées et comme rompues sous lui, ses bras exténués, auxquels il ne reste que la force de chercher un appui par terre, tout cela forme un ensemble que l'on ne peut se lasser d'admirer.

C'est l'usage à Vienne que la plupart des places soient richement ornées de statues, de fontaines, de monuments divers. Sur la place du Hof, on voit une statue colossale de la Vierge, ainsi que deux belles fontaines, ornées de figures allégoriques en bronze. La statue équestre de Joseph II s'élève sur la place qui porte le nom de ce prince. Un monument en marbre, consacré à la Trinité, en mémoire d'une peste qui ravagea Vienne en 1703, décore la place du Graben, la plus fréquentée de toutes celles de Vienne, située au centre de la ville. La place de ce nom est moins une place qu'une large rue, rendez-vous de la belle société, où sont les riches magasins de luxe bien fréquentés des élégantes de Vienne.

Le Palais-Impérial est beau par sa masse, mais irrégulier, amas confus de constructions de tous les âges, dénué de style, de forme et d'ensemble.

Mais ce qui fait la magnificence de ce palais, c'est l'abondance des trésors scientifiques qui s'y trouvent réunis. La Bibliothèque impériale occupe la plus grande partie des bâtiments qui règnent sur la place Joseph ; elle est richement ornée de sculptures, de peintures, et possède plus de 300,000 volumes. On y trouve des curiosités du plus haut intérêt, par exemple un manuscrit de la Jérusalem délivrée, ouvrage de la propre main du Tasse. Le musée des antiques occupe plusieurs salles du Palais-Impérial comprenant les statues, les vases, les fragments de verre et de mosaïques, de magnifiques collections de monnaies, de toutes les nations antiques et modernes, puis la suite des pierres gravées, en très-grand nombre, puisque l'on remarque bien douze cents camées antiques, sans compter les modernes. Dans une autre salle on trouve le trésor impérial, le garde-meuble de la couronne, de beaux trésors, en effet, parmi lesquels on regarde avec un bien vif intérêt l'épée de Charlemagne, sa couronne en filigrane d'or, son sceptre d'argent. On y conserve aussi des reliques bien vénérables si elles sont authentiques, un morceau de la robe de saint Jean-Baptiste, un fragment de la nappe qui servit au repas de la Cène, un clou de la vraie croix, et surtout la lance avec laquelle fut percé le côté de Notre-Seigneur.

Une aile du palais est occupée par les collections d'histoire naturelle, et le jardin du même palais, consacré à la fois à l'agrément et à la science, réunit le double attribut de nos Tuileries et de notre Jardin des Plantes.

Un édifice d'une belle ordonnance est la porte du Bourg, le Burgthor, qui sépare la ville proprement dite, du côté du Palais-Impérial, d'avec les faubourgs. Elle se compose de douze colonnes doriques, dont l'effet serait imposant si les yeux n'étaient pas désagréablement affectés du badigeon d'un blanc de neige dont ces colonnes sont revêtues. C'est en général une manie fort mal entendue, fort peu artistique qu'ont les Viennois, de transformer leurs édifices en monuments de plâtre, en leur imprimant cette entière blancheur que le triste badigeon communique à tout ce dont il approche.

Par un contraste qui ne laisse pas que de blesser les yeux et l'esprit, du sein de ces plâtrages on voit s'élever une masse sombre, imposante, le plus

remarquable monument de Vienne, la cathédrale,
l'église de Saint-Étienne. Cette église célèbre, fondée
vers le milieu du douzième siècle, n'était pas terminée
vers la moitié du quatorzième, ou plutôt elle n'a jamais été achevée. Sa tour, haute de quatre cent vingt-
huit pieds, excite l'admiration. Placée à la surface du
sol, à l'un des côtés de l'église, elle s'élève comme
un obélisque gigantesque, et date du quinzième siècle. L'église de Saint-Étienne est une des plus belles
œuvres de l'art gothique. Construite en pierres de
taille noircies par le temps, forte et massive au dehors,
elle offre au dedans le plus grand caractère du temple
chrétien ; elle est vaste, élevée, d'un aspect imposant
et religieux, que relèvent encore la sombre teinte de
ses vieilles murailles et l'obscurité de son enceinte,
faiblement éclairée par d'antiques vitraux. Malheureusement les tuiles coloriées de son toit et les chapelles de tous les styles à l'intérieur la déparent et
lui ôtent une partie de son grand caractère. Dans les
chapelles de l'église on voit les tombeaux de plusieurs
illustrations autrichiennes ; mais sous l'édifice, dans de
nombreux caveaux, sont déposées, dans des urnes de
cuivre, les entrailles des princes de la famille impériale. Dans la grande chapelle, à gauche du chœur,
est enterré Rodolphe de Hapsbourg.

Les cœurs des princes, reçus dans des urnes d'argent, sont un trésor de l'église des Augustins, paroisse
de la cour. De magnifiques tombeaux peuplent les caveaux de cette église ; on y admire le mausolée de Marie-
Christine, fille de Marie-Thérèse et femme d'Albert,

duc de Saxe-Elstein. C'est un chef-d'œuvre de Canova. Voici, d'après la géographie de Malte-Brun, la description de ce monument.

« Ce tombeau consiste en une grande pyramide en marbre blanc, dont la partie supérieure est occupée par un groupe représentant une jeune nymphe fixant au monument le portrait de la princesse, et un amour prêt à y attacher une palme. La porte de la pyramide est ouverte, et en laisse deviner l'étendue par sa profonde obscurité. On lit au-dessus de cette porte : *Uxori optimæ Albertus.* Le génie de l'hymen y entre suivi d'une nymphe en pleurs, qui porte une urne funéraire ; un second génie suit ces deux personnages ; une jeune femme, un vieillard et un enfant, représentant les malheureux auxquels l'archiduchesse prodiguait des soins et des secours, marchent à quelque distance en exprimant leur profonde douleur ; sur la droite un génie en pleurs, tenant l'écusson du prince, s'appuie sur un lion couché, près duquel on voit l'écusson d'Autriche, et le noble animal paraît aussi accablé de regrets. Toutes ces figures sont complétement détachées du monument et placées sur plusieurs plans ; ce sont des personnages réels, et non des statues ; et l'illusion est tellement complète, qu'à la vue de ce mausolée, dont on a peine à se détacher, on se sent saisi d'émotion. »

Nous ne disconvenons pas que ce mausolée ne soit d'une grande richesse d'exécution ; d'un beau caractère et d'un grand effet. Toutes les figures se tiennent, s'enchaînent et se groupent parfaitement ; plusieurs d'entre elles, l'une des jeunes filles, par exemple, et le vieillard soutenu par la Bienfaisance, seraient, isolées, d'excellentes statues ; mais l'ensemble est théâtral, païen, et ne semble pas de nature à produire beaucoup d'émotion ; il n'y a rien de moins chrétien, et par conséquent rien de moins beau en matière d'art funéraire que cette nymphe qui suspend un portrait, cet Amour qui attache une palme, le génie de l'hymen, et les autres nymphes en pleurs portant les attributs funéraires, enfin ces génies occupés à des emplois divers, déterminés avec plus de finesse que de senti-ment. Il semble que rien ne manque à ce chef-d'œuvre, si ce n'est la seule chose essentielle à un monu-ment de ce genre, savoir, la composition religieuse et le sentiment chrétien ; mais cette seule chose est tout.

II.

Suite de Vienne ; tombeaux des souverains ; celui du fils de Napoléon ; objets d'art monumental, divers édifices ; beaux faubourgs de la ca-pitale. — Grands souvenirs de Vienne ; défaite des Turcs en 1683.

Une petite église située sur la place du Nouveau-Marché, l'église des Capucins, fondée au dix-septième siècle par l'impératrice Anne et agrandie au dix-hui-tième par Marie-Thérèse, est destinée à servir à la sépulture des empereurs et des princes du sang im-périal ; une partie de leur dépouille mortelle est placée, comme nous l'avons dit, dans deux autres églises. Le caveau impérial est ouvert au public le 2 novem-bre. On y compte plus de quatre-vingts tombeaux, tous en bronze. On ne peut les considérer qu'à la lueur d'un flambeau, le caveau où l'on descend par une vingtaine de marches, ne recevant guère de jour que par quelques soupiraux ouverts sur la rue. Les cercueils sont posés sur trois pieds n'ayant d'autre ornement que trois anneaux à leur partie inférieure et une plaque de bronze portant en latin le nom du prince dont ils renferment les restes mortels. Le tombeau du dernier empereur mort, portant les attributs de la puissance impériale, repose sur un socle de marbre noir.

Les Français qui visitent ces tombeaux ne passent pas sans un vif intérêt devant celui du fils de Napoléon. On y lit avec émotion l'inscription latine dont voici le sens : « A l'éternelle mémoire de Joseph-François, duc de Reichstadt, fils de Napoléon, empereur des Français, et de Marie-Louise, archiduchesse d'Autriche, né à Paris le 20 mars 1811. A son berceau, il fut salué du titre de roi de Rome. Dès ses premières années il parut doué de tous les avantages de l'esprit et du corps, d'une taille haute, d'un visage paré des grâces de la jeunesse, d'une grande affabilité dans ses discours, d'une singulière aptitude dans l'étude et dans les exercices de la science militaire. Atteint de phthisie, il a été enlevé par la plus cruelle mort à Bellefontaine, près de Vienne, le 22 juillet 1832. » Cette inscription est belle, simple et touchante ; elle laisse sentir ce que la France aurait pu espérer d'un tel prince, si d'autres jours s'étaient levés pour lui, et si le ciel, comme disait le poëte ancien, avait fait autre chose que de le montrer à la terre.

Une autre église gothique, bâtie en **1220** par Léopold, duc d'Autriche, est un monument très-remarquable du style ogival ; on y visite le tombeau du poëte Métastase. L'église de Saint-Pierre est aussi une belle basilique, mais moderne ; son intérieur est une coupole elliptique ; elle est ornée de statues et de belles fresques.

Nous ne pouvons pas énumérer ici les nombreux édifices et établissements publics qui contribuent à la grandeur de Vienne. Établissements de bienfaisance, université, académies, théâtres, dont le principal est le théâtre de la Cour au palais impérial, vastes manufactures, commerce remarquable en soieries, en voitures de luxe, en porcelaines, arsenal et fonderie de canons. Vienne est le point central du commerce de l'Autriche, et tous les ans, dans un bâtiment construit à cet effet, a lieu une exposition de tous les produits de l'industrie dans l'empire autrichien.

Les faubourgs sont des espaces immenses, mélange d'habitations, de promenades, de jardins, de champs cultivés. Le principal est Léopoldstadt, la ville de Léopold, superbe quartier situé dans une île du Danube, et où se trouve la célèbre promenade du Prater, une des plus belles de l'Europe. C'est une vaste forêt coupée en deux parties par le fleuve, traversée par six grandes allées de marronniers, et entrecoupée de vertes prairies où l'on voit des cerfs familiers que les promeneurs à pied, à cheval, en équipage, n'effrayent pas. D'autres promenades, telles que le Brigitten-au et l'Augarten, se joignent au Prater et contribuent à sa beauté. Tout cet ensemble constitue les Champs-Élysées de Vienne ; la population s'y porte les jours de fête, et elle y trouve tous les genres d'agréments : cirques, jeux de bague, balançoires, cafés et tout ce qui peut grouper, charmer la population.

De l'autre côté du Danube, dans le faubourg Landstrasse, on trouve le palais du Belvédère, construit par Marie-Thérèse, au sommet d'une éminence qui domine la capitale, et dans le goût d'élégance maniérée qui était celui du siècle que, sous le rapport de l'art, on a pu appeler siècle de Louis XV. C'est dans les appartements de ce château du Belvédère, qu'on a réuni les diverses collections de tableaux formées par les empereurs ; il est devenu le principal palais de Vienne ; toutes les époques, toutes les écoles y trouvent place séparées et disposées aux différents étages du palais.

Nous ne chercherons pas à décrire tous les faubourgs de Vienne, dont plusieurs sont très-vastes, ni les beaux villages qui forment sa banlieue, ni la multitude des châteaux de plaisance qui répandent autant de charme que de variété dans les environs de Vienne. Cependant il ne faudrait pas oublier Schönbrünn ou Bellefontaine, superbe résidence, bâtie par Marie-Thérèse, et qui le dispute aux principaux palais de l'Europe, pour la grandeur des bâtiments, la beauté des jardins et toute la magnificence qui peut appartenir à une résidence impériale.

Telle est Vienne, cette belle et grande cité, placée au centre de l'Europe, et qui soutient avec dignité son titre de capitale de l'empire germanique, de première cité de l'Allemagne ; elle est réellement une des premières villes du monde. Parmi les nombreux souvenirs historiques que gardent ses vieilles murailles, le plus célèbre, le plus national est la levée de son siége en **1683**, et la victoire par laquelle Jean Sobieski sauva, sous ses murs, l'Autriche et l'Europe occidentale du joug ottoman. La terreur régnait dans tout le pays. L'empereur Léopold et sa femme, fugitifs sur la route de Linz, avaient passé la nuit dans une ferme sur une botte de paille. Seize mille hommes de garnison dans Vienne ne pouvaient résister longtemps contre toute l'armée ottomane, 200,000 Turcs qui l'assiégeaient depuis vingt-trois jours. Tout à coup on annonce l'arrivée du roi de Pologne. Alors tout change ; la population de la ville fait des prodiges, l'armée ennemie est taillée en pièces, le butin est immense, Vienne est délivrée ; la chrétienté est sauvée. C'est le plus grand événement national qui soit resté dans les souvenirs de Vienne. — Quand l'habitant de cette belle capitale entend aux jours de fête résonner la grosse cloche de Saint-Étienne, sa cathédrale, il peut concevoir une pensée de patriotisme et d'orgueil national ; car cette cloche a été fondue avec le bronze des canons pris sur les Turcs après leur défaite, il y aura bientôt de cela deux siècles.

Vienne occupe une grande place dans l'histoire de nos grandeurs impériales et de nos revers. Deux fois, en **1805** et en **1809**, Napoléon, arbitre des destinées de l'Europe, put signer ses décrets dans la capitale de l'empire. De Vienne lui arriva l'impératrice qui devait lui donner un fils, cet héritier dont la cité allemande conserve les débris. A Vienne eut lieu ce congrès d'empereurs et de rois d'où sortit la dernière organisation du monde européen. De là aussi, au 13 mars **1815**, retentit la déclaration qui mettait au ban de l'Europe le vainqueur d'Austerlitz et de Marengo. Quelques jours après, Waterloo sembla donner gain de cause à la Sainte-Alliance; mais la Providence avait fait ses réserves pour le nom et la fortune de Napoléon.

CHAPITRE VI.

ALLEMAGNE, HOLLANDE ET BELGIQUE.

I.

Berlin : beauté générale de Berlin : rue Sous-les-Tilleuls ; le palais du roi, les musées ; les grands établissements ; les églises, les promenades ; les alentours de Berlin, son Saint-Cloud et son Versailles ; tombeau de Frédéric à Sans-Souci.

La capitale du royaume de Prusse apparaît, avec beaucoup de grandeur, au milieu d'une vaste plaine sablonneuse et triste, quoique cultivée avec un grand soin. L'enceinte de cette belle cité germanique est close de murailles sur trois lieues de circonférence; elle a quinze portes, plus de trente places publiques, et quatre-vingts bâtiments faisant partie du domaine de la couronne. Tout y porte l'aspect de la grandeur;

dans aucune ville de l'Allemagne on ne trouverait des rues plus larges, mieux alignées, un ensemble plus satisfaisant aux regards. Berlin compte près de trois cent mille habitants. Elle est traversée par la Sprée.

La plus belle rue de Berlin, la rue Sous-les-Tilleuls (*Unter-den-Linden*), est la plus magnifique rue qui se puisse voir ; ce nom lui vient de six rangées de tilleuls dont elle est ornée. Elle a cent soixante pieds de largeur complète, et l'allée principale est large de cinquante pieds. Sa longueur est considérable. Cela est plus beau, plus grand que nos boulevards de Paris, d'ailleurs si magnifiques. C'est une création du roi Frédéric II, en l'honneur duquel on a érigé à l'une des extrémités de la rue une statue colossale, sur une haute colonne. La place Guillaume se fait remarquer parmi les belles places de Berlin. Elle est ornée des statues de cinq généraux qui se sont illustrés dans la guerre de Sept ans. En général, à Berlin comme dans les villes antiques, l'usage est de multiplier dans les rues, dans les beaux quartiers, les statues héroïques.

Le palais du souverain, immense édifice à trois étages, posé sur une île de la Sprée, est d'une grande beauté d'architecture ; malheureusement, construit sous plusieurs princes, il n'est point uniforme et présente le caractère des diverses époques qui ont apporté tour à tour leur tribut à sa construction. Toutefois il affecte des formes solennelles, dans lesquelles, dit M. Fortoul, on ne peut s'empêcher de voir une imitation de la monarchie de Louis XIV. Les appartements royaux sont au second ; on y visite de superbes collections de sciences et d'arts, le cabinet d'histoire naturelle, la bibliothèque, la collection des antiques et des médailles et une galerie de tableaux où l'on trouve un grand nombre des plus célèbres ouvrages des premiers maîtres, et qui occupe un rang très-élevé parmi les plus beaux musées de l'Europe.

Mais n'oublions pas qu'il y a deux musées à Berlin. En outre de celui du palais du roi, il y a le nouveau musée, construit en 1824, où l'on va admirer de superbes galeries de sculptures et de peintures disposées autour d'une vaste rotonde qu'éclaire par en haut le vitrage d'une coupole immense.

Les grands établissements abondent à Berlin : des hôpitaux tenus avec un grand soin ; un arsenal, le plus vaste qui soit en Europe ; l'hôtel royal des Invalides ; une salle de spectacle, construite avec une grande magnificence en 1819. Berlin est une ville où il est donné beaucoup à l'intelligence ; un immense édifice, appelé le Palais de l'Université, renferme toutes les collections scientifiques que l'on peut désirer ; le jardin botanique et le musée d'histoire naturelle sont d'une merveilleuse richesse par les trésors qu'ils renferment, et vingt-quatre bibliothèques ouvrent leurs trésors au public studieux, parmi lesquelles la bibliothèque royale, qui possède deux cent cinquante mille volumes.

On y admire quelques églises gothiques : Sainte-Marie, ouvrage du treizième siècle, avec sa tour de deux cent cinquante-cinq pieds, et Saint-Nicolas, plus vieille d'un siècle, et qui porte les plus beaux caractères de l'architecture chrétienne. Dans la cathédrale, appelée le Dôme, se trouve la sépulture des princes de la maison royale. Sainte-Hedwidge, église catholique, est une belle église neuve, rebâtie en **1818**, après un incendie, sur la forme du Panthéon de Rome.

Il y a dans Berlin de belles promenades publiques; on y visite surtout les jardins d'hiver, vastes serres bien chauffées, organisées en jardins, avec des allées et des compartiments; les orangers, les myrtes, les plantes de la Nouvelle-Hollande y répandent leur éclat et leur parfum, de manière à enchanter les promeneurs. Le soir ils sont illuminés. Parmi les théâtres, celui qui rivalise avec les plus beaux monuments de ce genre qui soient au monde est le théâtre de l'Opéra-Italien.

Berlin a son Saint-Cloud et son Versailles, deux villes voisines où nous devons conduire notre jeune promeneur.

Le premier est Charlottenbourg, où l'on voit un très-beau château souvent habité du roi. Les habitants de Berlin, ceux du moins qui aiment les arts et qui ont conservé le souvenir d'une princesse qui leur fut chère, vont y visiter, dans un petit temple grec, d'une forme simple, le monument élevé à la reine de Prusse. La reine est représentée couchée, les bras croisés sur la poitrine, la tête nue, et le corps recouvert d'une simple draperie, d'une souplesse, d'une légèreté incomparables; les mains qui sortent de la draperie sont du travail le plus parfait. Une admirable beauté de sentiment règne sur le visage, où se font jour la résignation, le calme et l'espérance d'un avenir immortel. Ce monument est le chef-d'œuvre du célèbre statuaire Rauch.

Le Versailles c'est Postdam, ville à six lieues de Berlin, située entre deux lacs, au confluent de la Nathe et du Havel, dans une île de quatre lieues de tour, comprenant plusieurs villages. Les rues de Postdam sont larges, droites, bien pavées ; les maisons sont de belle apparence, et la ville, dans son ensemble, est vraiment digne d'être la principale résidence du roi. Elle remonte au douzième siècle ; mais elle n'est devenue ville importante qu'au dix-huitième siècle, quand Frédéric-Guillaume, en **1720**, se fut attaché à l'agrandir et à l'embellir. Maintenant elle compte près de quarante mille habitants. Le palais date de **1660** ; il est beau et riche, ses toits sont couverts en cuivre avec des ornements dorés ; toutes les richesses de l'ornementation, surtout à l'aide des beaux marbres de Silésie, sont prodiguées à l'intérieur. C'est à Postdam que mourut Frédéric II, le 17 août **1786**.

A quelque distance de Postdam se trouvent des châteaux renommés, et bien visités des habitants de Berlin, le château de Sans-Souci, construit dans le goût efféminé de l'architecture française au dix-huitième siècle, puis le Palais-Neuf, puis le Palais de Marbre, auquel il faut joindre le château de l'Ile des Paons, que l'on a appelé une véritable oasis au milieu des sables du

Brandebourg. Qui ne connaît Sans-Souci, cette résidence si chérie du grand Frédéric? Les vers d'Andrieux sur le brave meunier qui ne voulut pas vendre son moulin au roi et qui en appelait aux juges de Berlin, sont dans toutes les mémoires, avec le trait épigrammatique qui le termine.

On respecte un moulin; on vole une province.

Sans-Souci, qui, d'ailleurs, n'est qu'un simple bâtiment d'un seul étage, et flanqué de deux pavillons de forme ronde, est tout plein du souvenir de Frédéric; on y montre sa chambre à coucher, le lit où il est mort, sa bibliothèque, sa galerie de tableaux; rien n'a été dérangé, on dirait que le roi est dans les salons voisins et va rentrer. Mais c'est à Postdam qu'est le tombeau de ce célèbre prince (mort le 17 août 1786), dans le caveau d'une des principales églises. Un jour, en 1806, Napoléon, arbitre de l'Europe, vainqueur à Berlin, demanda à visiter le tombeau de Frédéric; il resta quelque temps plongé dans une méditation profonde; puis il sortit, emportant comme unique trophée de sa victoire l'épée de Frédéric, qu'il porta depuis dans les batailles, instrument de gloire devenu plus précieux en passant dans les mains d'un si grand homme.

La ville de Berlin, avec les châteaux qui l'environnent, est une ville moderne qui ne remonte pas au delà du douzième siècle. On croit qu'elle a été fondée, en 1142, par Albert II, margrave de Brandebourg; ce ne fut longtemps qu'un groupe de maisons, dans une île formée par deux bras de la Sprée. En **1651**, elle n'était encore qu'une fort petite ville de **6,500** habitants. C'est l'époque pourtant où elle commence à devenir importante, sous Frédéric-Guillaume, le vrai fondateur de la puissance prussienne, qui le premier fixa sa résidence à Berlin. Le fils de ce dernier, le célèbre Frédéric II, héritier du titre royal que lui avait légué son père, donna à la Prusse, nouveau royaume, la gloire et la force, ajouta à ses États la Silésie et la Prusse occidentale, et fit faire place en Europe pour la nouvelle et déjà puissante monarchie. Alors Berlin devint une vraie capitale, la seconde ville de l'Allemagne, non pas inviolable toutefois, car Berlin fut occupée par les Autrichiens et les Russes en **1760**; elle le fut aussi par les Français en **1806**, lorsque, après la bataille d'Iéna, le traité de Tilsitt ayant fait perdre à la Prusse tout ce qu'elle possédait en Westphalie et en Franconie, la puissante cité allemande eut à recevoir la loi du vainqueur. La chute de Napoléon rendit à Berlin son éclat comme capitale d'un royaume redevenu formidable. Il n'y a rien de plus extraordinaire que les accroissements gigantesques que n'a cessé de prendre cette grande ville, peuplée de **100,000** âmes en **1800**, qui en comptait **220,000** en **1825**, et dont maintenant, l'enceinte, constamment agrandie, renferme **350,000** habitants.

II.

1. Dresde : sa situation, ses monuments, son beau musée et les deux chefs-d'œuvre qu'il renferme. Souvenir historique. — 2. Munich, ses origines, la vieille ville; les constructions nouvelles, caractère artistique de cette capitale; ses promenades, ses environs.

1. — Si l'on arrive à Dresde par la rive droite de l'Elbe, on commence par admirer la richesse de ses environs, la variété des sites, la beauté de la route. L'aspect général de la ville, que l'on voit si heureusement étendue sur les rives de son beau fleuve, au cœur d'une plaine riante et fertile qu'abrite dans tous les sens un amphithéâtre de montagnes où s'étendent les derniers vignobles de l'Europe. Ces montagnes qui, ralentissant le cours du fleuve aux abords de la ville, l'environnent comme d'un vaste rempart; puis, au moment où l'on entre dans la ville, les rues larges, droites et propres, et les beaux faubourgs qui la précèdent, les maisons bien bâties, la longueur du superbe pont qui la traverse, tout contribue à donner une grande idée de la capitale de la Saxe, à lui maintenir un rang élevé parmi les grandes et belles villes de l'Europe. Le pont surtout captive les regards; il est bâti en grès, formé de seize arches, long de quatorze cent vingt pieds sur trente-six de largeur. Des bancs sont placés de distance en distance; sur le douzième pilier, on voit s'élever, au-dessus d'un massif de rochers de trente pieds de hauteur, un grand crucifix doré.

On admire surtout l'église de Notre-Dame, bâtie

sur le modèle de celle de Saint-Pierre de Rome ; les colonnes légères qui la surmontent soutiennent une sorte de tour qui a bien au moins deux cent quarante pieds. Une autre église, celle de la Cour, appelée aussi l'église de Sophie, parce qu'elle a été en partie construite, en 1602, par une princesse de ce nom, veuve de Christian Ier, se fait remarquer par les sculptures qui ornent son portail, et par ses tableaux ; un de ses autels, ornés de colonnes, passe pour avoir appartenu, au temple de Jérusalem ; il aurait été rapporté en 1476 de la ville sainte par un duc de Saxe. L'église de Sainte-Croix est une construction informe, un amas de pierres, que l'on ne cite que pour sa haute tour, qui domine toute la ville. Sur dix-huit églises que renferme Dresde deux seulement appartiennent à la religion catholique ; la généralité du peuple est protestante, le roi et la famille royale conservent la foi antique. La nouvelle église catholique, surmontée d'une tour très-élevée, est une fort belle construction.

Les autres édifices de Dresde sont la chancellerie, l'hôtel des finances, l'hôtel de ville, l'hôtel des États, plusieurs palais plus ou moins remarquables, mais surtout le château royal.

Cet édifice date du seizième siècle ; il a été bâti par le duc Georges, célèbre adversaire de Luther au temps des guerres de la Réforme. Dessiné par un artiste italien dès les premières années de ce même siècle, il offre, dans sa cour principale, les traces intéressantes d'un style à la fois mesuré et libre, qui,

tout en respectant les formes féodales du Nord, intro-
duisit le rhythme, le système plus savant de la renaissance. Un peu plus tard, ajoute M. Fortoul dans
son important ouvrage sur l'Art en Allemagne, à la
fin du dix-septième siècle, commencèrent à s'élever
sur les deux rives de l'Elbe les édifices contournés
de la décadence italienne. Les palais surchargés de
fleurs, les imitations chinoises, les palais aux toits
relevés, aux cariatides asiatiques; les temples pro-
testants avec leurs froides coupoles, les églises catholiques avec leurs lignes tournantes, leurs cintres
brisés, tout ce luxe de mauvais goût, établit à
Dresde une singulière affinité avec le goût français
du règne de Louis XV. Une architecture plus sévère
a présidé aux travaux qui ont eu lieu dans notre
siècle.

Un théâtre récemment bâti à Dresde peut compter
parmi les grandes entreprises de l'Allemagne; il a été
construit dans un rapport à peu près parfait avec les
idées qui prévalent en France; il est orné de ces
ordres de la renaissance, de ces pilastres mesurés avec
sobriété, dont on admire les fines nervures dans
plusieurs de nos monuments les plus récents à Paris, mais dont le goût allemand a peut-être un peu
alourdi les profils. Une synagogue, nouvellement érigée au milieu des jardins de la capitale de la Saxe,
serait même dans notre pays un édifice irréprochable,
tant les formes orientales y ont été employées avec
bon sens, tant les couleurs qui couvrent le bois dont
elle est construite sont disposées avec art, tant le

plan et les ornements y révèlent un sentiment parfait des convenances et du goût français.

Ce qui constitue la principale richesse de Dresde, c'est sa galerie de tableaux, une des plus belles de l'Europe, et qui contient les chefs-d'œuvre de la plus haute célébrité. Dresde, si jeune capitale, a la gloire d'avoir ouvert la première après Paris un grand musée à l'admiration de l'Europe. Au commencement du dix-neuvième siècle, dit M. Viardot dans son livre sur les Musées d'Allemagne, une seule collection publique pouvait rivaliser avec le musée du Louvre, la galerie de Dresde. Alors n'existaient ni le musée du Vatican à Rome, ni ceux de Naples, de Venise, de Madrid, de Munich, de Berlin, de Londres; les collections du palais Pitti à Florence, du Belvédère à Vienne, de l'Ermitage à Saint-Pétersbourg, de La Haye en Hollande, d'Hampton-Court en Angleterre, n'étaient que les cabinets particuliers des souverains. Il y a environ un siècle, l'électeur de Saxe, en même temps roi de Pologne, commença à former la galerie de Dresde en achetant, environ 500,000 francs, la collection des ducs de Modène. Auguste III augmenta beaucoup ce fonds primitif par de nouvelles acquisitions faites en Italie et dans les Flandres. Ses successeurs ont continué son ouvrage. Aujourd'hui la galerie de Dresde contient plus de huit mille tableaux, plus que le Louvre lui-même.

Parmi les nombreux trésors qu'il recèle, il faut aller surtout admirer, au musée de Dresde, deux chefs-d'œuvre d'une beauté incomparable, et qui jouissent en Europe de la plus haute célébrité. Le premier est la Nuit du Corrége, un tableau, un poëme sur la Nativité. Nous avons devant les yeux la crèche où vient de naître le Dieu fait homme. Il est nuit. La scène est éclairée par une lueur surnaturelle que répand le corps du fils de Dieu, couché sur la paille. Cette lueur illumine le visage de la Vierge-mère penchée sur son nouveau-né, et éblouit une des bergères accourues au bruit de la bonne nouvelle. Elle s'étend jusqu'au groupe d'anges qui voltigent dans les airs, et jusqu'au saint Joseph entraînant au fond de l'étable l'âne qui vient d'échauffer de son souffle l'Enfant-Dieu condamné à tous les besoins de l'humanité.

L'autre tableau est la Vierge de Saint-Sixte, peut-être le chef-d'œuvre de Raphaël, peint dans la plus haute manière de ce maître sublime. Rien n'est plus beau que cette apparition de la Vierge dans sa grandeur divine, dans sa majesté de reine du ciel. La gravure en est très-répandue, vous devez la connaître. L'ordonnance du tableau est simple autant que belle. Des rideaux verts s'entr'ouvrent aux angles supérieurs; la Vierge auguste apparaît dans sa majesté, tenant l'Enfant divin; plus bas, appuyés sur une balustrade, deux petits anges semblent, de leurs regards ineffables, indiquer la céleste apparition; saint Sixte et sainte Barbe sont agenouillés aux deux côtés du groupe divin. La Vierge de Saint-Sixte, qu'on nomme également Vierge de Dresde, fut peinte par Raphaël pour le maître autel de l'église d'un couvent de Plaisance, sous l'invocation de saint Sixte. L'électeur-roi Auguste III fit à grands frais l'acquisition de cette toile célèbre.

Il est fâcheux que l'édifice qui contient la riche collection du roi de Saxe soit peu digne de sa noble destination. C'est un lourd bâtiment carré, d'un seul étage sur perron, local étroit et sombre où les tableaux n'ont pas tout l'espace, toute la lumière que l'on pourrait désirer pour bien les voir.

Les environs de la capitale sont très-fréquentés par les habitants et fort visités par les touristes. Tout près de ses murs on se rend aux bains de Linchs, sur les bords de l'Elbe; puis au château royal de Pilnitz, lieu d'un célèbre congrès où les souverains coalisés, réunis en 1791, s'engagèrent à soutenir les Bourbons sur le trône de France.

Le royaume de Saxe est nouveau sur la carte européenne; Dresde n'a été une ville royale que vers le commencement de ce siècle. Avant l'année 1800, la Saxe n'était qu'un simple électorat; après la victoire remportée à Iéna sur les Prussiens, le 14 octobre 1806, elle fut érigée en royaume; les successeurs d'Auguste III devinrent rois de Saxe par la faveur de Napoléon. Dresde fleurit et acquit de l'importance sous ce nouveau régime; elle se signala par sa fidélité à notre alliance, par son dévouement à notre fortune. Le nom de Dresde a bien retenti dans l'histoire du dernier temps de l'empire. Une grande bataille fut livrée sous ses murs, le 2 mai 1813; le général Moreau, qui commandait l'armée ennemie, y fut emporté par un boulet. La victoire de Dresde fut malheureusement stérile ; mais le roi de Saxe, fidèle au grand homme qui l'avait élevé, voulut suivre sa fortune jusqu'au dernier terme, et le **10** novembre de la même année **1813**, à la bataille des Nations, à Leipzig, le roi tomba au pouvoir des alliés, et Dresde sa capitale subit la domination prussienne.

2. — Si la capitale de la Saxe doit un de ses principaux motifs d'intérêt aux richesses artistiques qu'elle renferme, celle de la Bavière est elle-même, si on peut le dire, un musée. Nous la considérerons sous ce rapport ; mais elle a d'autres avantages qu'il serait injuste de négliger. Comme la Saxe et Dresde sa capitale, la Bavière et Munich sont un royaume, une capitale qui datent de Napoléon. La Bavière composait l'un des onze électorats d'Allemagne ; son souverain portait le titre d'électeur. S'étant allié avec la France, il reçut en **1805** le titre de roi, et son territoire fut agrandi ; les traités de **1815** ont maintenu le royaume et encouragé les accroissements de sa capitale.

Munich n'est pas une ville ancienne. Au seizième siècle, le duc Sigismond éleva la cathédrale qui assurait à Munich le titre de ville ; Guillaume II la déclara capitale de son duché. Depuis ce temps elle s'accroissait avec lenteur, quand le premier roi de Bavière, Maximilien-Joseph, commença une ère de splendeur pour la nouvelle capitale. Maximilien traça le plan du faubourg de son nom, devenu la ville nouvelle, et où sont réunies à peu près toutes les grandes constructions modernes. Son fils Louis, roi en 1824, prince doué d'un esprit artiste, poëte lui-même, a suivi les traces de son père avec un enthousiasme pour les arts dont on n'a guère vu d'exemple sur le trône. Nous allons décrire rapidement l'ancienne et la nouvelle ville de Munich.

Au milieu de sa vaste plaine, devenue riante et fertile par la culture, sous les collines ombragées de l'Isar, Munich s'annonce de loin comme une grande cité. Elle est loin d'être régulièrement bâtie. Au milieu de ses constructions modernes, ses vieux quartiers n'ont point quitté le vénérable caractère du moyen âge. Une longue rue, qui va de l'orient à l'occident, dans la direction du pont de l'Isar, se croise avec une autre rue qui descend du midi au nord ; à leur point d'intersection se développe la place Schramm, entourée de vieilles arcades qui gardent encore le souvenir du marché par lequel commença au moyen âge la cité de Munich.

A l'ouest de la place Schramm, s'élève la cathédrale élevée, comme nous l'avons dit, par le duc Sigismond, vers la fin du quinzième siècle. Toute construite en briques, depuis le portail jusqu'au chevet, elle présente une masse informe dont les deux tourelles ne servent qu'à augmenter la pesanteur. L'intérieur n'est pas plus remarquable. Ses trois nefs sont trop resserrées, et ses trente fenêtres trop étroites. On y voit des vitraux curieux, et des chevaliers anciennement sculptés sur des tombes gothiques de marbre rouge ; dans le chœur est un vaste tombeau en marbre noir, accompagné de grandes figures en bronze : monument élevé à la mémoire de l'empereur Louis IV par l'électeur Maximilien.

Mais ce qu'il faut visiter à Munich, ce qui attire les voyageurs et les captive, ce sont les édifices modernes. Il y a quatre églises nouvelles qui représentent les quatre styles les plus célèbres dans l'histoire de l'art : 1° Saint-Boniface, une basilique latine comme celles qu'au sortir des Catacombes les disciples du Dieu crucifié conquirent sur les païens ; 2° la chapelle de la Cour ou de Tous-les-Saints, petite église byzantine tout en marbre, en plaques d'or, en peintures imitant les vieilles mosaïques ; 3° Saint-Louis, temple du moyen âge italien, formant la croix latine, et garni de chapelles latérales ; 4° enfin, Notre-Dame-de-Bon-Secours, cathédrale en miniature selon le style gothique du moyen âge allemand, avec d'excellentes peintures sur verre, sorties de la manufacture de Munich, et offrant en deux séries les histoires de Notre-Seigneur et de sa sainte Mère.

Non content de reproduire ainsi les diverses époques de l'art chrétien par ses nouvelles églises, le roi Louis fonda les deux musées qui sont au nombre des plus célèbres de l'Europe.

L'un est la Pinacothèque, nom grec qui signifie musée des tableaux ; la première pierre en fut posée le 7 avril 1826 ; l'œuvre fut achevée au bout de dix ans. C'est un bâtiment isolé à l'extrémité de la ville, dans la campagne, solidement construit et de noble apparence, ayant la forme allongée qui convient à une galerie, et terminé à chaque bout par deux ailes, ce qui lui donne un aspect complétement monumental. L'intérieur de cet édifice ne forme pas, comme le musée du Louvre, une longue et unique galerie; il est divisé dans sa longueur totale en dix grandes salles occupant le centre du bâtiment, et flanquées au nord de vingt-trois salles. Là se trouve réunie une admirable collection, composée, dans l'origine, de plusieurs galeries, héritage de l'électeur-roi Maximilien-Joseph, et beaucoup accrue par le roi Louis.

Le second monument consacré à l'art, à Munich, dans cette Athènes de l'Allemagne, et érigé dans cette destination, est la Glyptothèque ou musée de sculpture. Cet édifice avait été fondé en 1816 dans le goût grec. Tandis que le premier édifice, destiné à la peinture, extérieurement décoré dans un goût aussi moderne que l'art dont il reçoit les chefs-d'œuvre, est allongé comme une galerie, l'autre, orné dans tout son pourtour à la manière antique, se replie sur lui-même et forme un carré parfait. Il n'a d'autre ouverture dans les murs extérieurs que la porte de la façade pratiquée sous un fronton à colonnes; c'est de la cour intérieure, par des fenêtres dont la hauteur est celle de l'étage unique dont se compose l'édifice, que les salles reçoivent la lumière. Toute leur décoration depuis le pavé jusqu'aux voûtes, dit encore M. Viardot, est réglée avec intelligence et bon goût. Les parois sont revêtues de stuc à teintes vives et foncées telles que le rouge antique ou le jaune d'ambre, ce qui fait mieux ressortir et mieux voir les vénérables débris

de l'art ancien que le ton grisâtre de la pierre et le
ton blafard de la chaux. Les salles, au nombre de
douze sont : les salles Égyptienne, des Incunables,
des Éginètes, d'Apollon, Bachique, des Niobides,
des Dieux, Troyenne, des Héros, des Romains,
de Sculptures coloriées, enfin la salle des Modernes.
Nous avons rapporté les noms de ces salles, pour donner une idée de la nature des trésors renfermés dans
cet admirable dépôt consacré à l'art statuaire.

En même temps qu'il construisait ainsi deux palais aux beaux-arts, le roi Louis se faisait ériger un
château royal, une résidence digne d'un roi artiste,
avec une nouveauté de construction qui ne laisse pas
que d'étonner dans l'âge où nous vivons. Les arts ont
été appelés à décorer toutes les parties de la demeure
royale avec une incroyable magnificence ; des peintres bavarois et prussiens, qui n'avaient aucun rapport avec les écoles contemporaines, et se rattachaient
plutôt aux traditions érudites de l'antiquité et de l'é-
poque antérieure à la renaissance, ont peint sur les
murs du palais de Munich des fresques, étranges par
leur grandeur et par leur originalité, et dans lesquelles à des défauts réels sont associées des beautés
d'un ordre jusqu'alors inconnu dans l'art moderne.

Et n'oublions pas, près de l'Isar, une vaste place
carrée, entourée d'arcades, sous lesquelles les mêmes
artistes qui ont illustré les châteaux, ont exécuté une
suite de peintures à fresque qui représentent les principaux événements de l'histoire nationale, depuis le treizième siècle jusqu'à nos jours.

Une charmante promenade, près de Munich, est décrite par M. Fortoul sous de vives couleurs : « Au nord du palais, le long de la rue Louis et bien au delà, s'étend un jardin anglais, tout plein d'ombrages et favorable à la rêverie. Les eaux détournées de l'Isar y viennent d'assez loin par plusieurs canaux ; elles coulent à pleins bords au milieu des pelouses vertes, se divisent, se ralentissent, décrivent des courbes sous le clair-obscur des taillis, se rejoignent sous des ponts découverts, se précipitent sur des rochers, au pied d'une cabane, tournent le flanc d'une montagne, s'étendent encore dans la plaine, y forment un lac semé d'îles et de bateaux, et ne sortent de cet endroit enchanté qu'après s'être promenées pendant plus d'une lieue, à travers les allées tortueuses, où elles entretiennent une éternelle fraîcheur. Ce parc qui côtoie la ville est ouvert à tout le monde. » A l'entrée est une petite statue de marbre d'un agréable travail ; sur le bouclier est écrite une inscription qui invite à jouir de la nature sans souci, *Harmlos* ; ce mot allemand, qui, en effet, signifie sans souci, est le premier de l'inscription ; il est devenu le nom de la statue, et il est aussi le nom par lequel on aime à désigner cette promenade.

Les environs de Munich offrent encore divers lieux de réunion qui attirent les promeneurs les jours de fête. Tels sont le village de Paesang, dont la route est très-accidentée. Schleisheim, à trois lieues environ au nord de la capitale, est regardé comme une des plus magnifiques résidences de l'Allemagne.

Avant de quitter la capitale de la Bavière, les Français ne verront pas sans émotion deux monuments qui leur rappellent des noms aimés et les souvenirs de leur gloire et de leurs revers sublimes. Ils iront, dans l'église de Saint-Michel, considérer le monument sépulcral élevé au prince Eugène de Beauharnais, le Bayard de notre siècle. Celui qui fut le fils adoptif de l'empereur est mort à Munich, en 1824, avec le titre de duc de Leuchtenberg, petite principauté bavaroise dont il était investi. Son mausolée est un chef-d'œuvre dû au ciseau du célèbre sculpteur danois Thorwaldsen. Ensuite, sur une des places de Munich, il faudra saluer un obélisque de deux cents pieds environ érigé par le roi et destiné à perpétuer le souvenir de quarante mille Bavarois morts avec les Français dans les glaces de la Russie, après les désastres de **1812**.

III.

1. — Origine d'Amsterdam ; sa position, ses rues ; l'hôtel de ville ; ses vicissitudes. — 2. Bruxelles, ses origines, ses édifices, ses places, ses accroissements, sa population ; souvenir populaire.

Hollande et Belgique, ce n'est plus l'Allemagne ; mais la Hollande est une nation de race allemande, la Belgique était autrefois jointe à la Hollande ; c'est pourquoi nous croyons pouvoir réunir deux illustres capitales, Amsterdam et Bruxelles, dans un même chapitre à la suite des trois capitales germaniques que nous venons de visiter.

1. — Amsterdam, une des plus grandes villes et des

plus commerçantes de l'Europe, n'était au douzième siècle qu'un village de pêcheurs appartenant aux seigneurs d'Amstel. Vers le siècle suivant, elle reçut quelques accroissements, le privilége et le rang de ville ; mais ce ne fut que vers la fin du seizième siècle qu'elle acquit une importance qui s'accrut beaucoup, un siècle plus tard, quand elle attira dans ses murs tout le commerce dont Anvers était en possession.

L'Amstel lui a donné son nom. Les bords de cette petite rivière sont couverts, pendant la belle saison, de prés fleuris et d'arbres chargés d'un feuillage verdoyant. Cette vaste enceinte de fossés et de remparts ne craint pas l'approche de l'ennemi ; Amsterdam peut, au moyen de ses écluses, inonder tout le pays qui l'environne. Bâtie sur pilotis, sillonnée par une multitude de canaux, la plupart bordés de belles rangées d'arbres, elle se compose de quatre-vingt-dix îlots qui communiquent entre eux par deux cent quatre-vingts ponts. Le plus beau de ces ponts, celui de l'Amstel, a six cent soixante pieds de longueur, soixante-dix de largeur et trente-cinq arches.

Les rues, presque toutes alignées, au bord des canaux, sont propres, bien pavées, garnies de trottoirs ; les deux plus belles, le Heeren-Gragt et le Keisern-Gragt, ont plus d'une demi-lieue de longueur. Elles ne sont pas ornées de magnifiques palais, comme dans les grandes villes d'Italie ; ici les maisons, toutes bâties en briques et peintes de diverses couleurs, se font remarquer bien plus par le confortable que par la beauté ; et la profusion des magasins, décorés de tous les produits des deux mondes, annonce la richesse de cette grande ville, qui servit longtemps d'entrepôt au commerce de l'univers.

De beaux édifices publics donnent pourtant une certaine grandeur architecturale à Amsterdam. Sur la place du Dam est le palais royal, l'ancien hôtel de ville, bâti sur pilotis. Ce grand édifice montre quelle était au seizième siècle la grandeur hollandaise, quand un pareil bâtiment était construit pour les magistrats de la cité. La salle royale, d'une grandeur extraordinaire, a cent vingt pieds de long, cinquante-six de large, et cent quatre-vingt-dix-huit pieds de haut. Les marbres dont le parquet, les murs et les plafonds sont revêtus, les colonnes qui supportent le plafond, les drapeaux enlevés aux Espagnols, au temps des guerres nationales, au seizième siècle, tout concourt à donner à cette vaste salle le plus grand caractère et une magnificence qui n'a pas d'égale. L'intérieur est décoré par les chefs-d'œuvre des arts ; Rembrandt, la gloire immortelle d'Amsterdam, y a laissé ses belles peintures, si remarquables par le clair-obscur, par les effets de nuit et la lumière merveilleuse qui n'appartient qu'à ce grand artiste hollandais. Là surtout les amateurs vont admirer un ouvrage d'une haute célébrité, le chef-d'œuvre du genre, la Ronde de Nuit.

La bourse, assise sur cinq arches sous lesquelles passe l'Amstel, est dans le goût gothique, ornée sur une de ses façades d'une statue colossale de Mercure. Le palais appelé Trippenhaus est consacré à un musée d'art et d'histoire. Parmi les églises il faut distinguer celle de Saint-Nicolas, bel édifice dont la voûte est soutenue par quarante-deux colonnes en pierre; au-dessus s'élève une tour de vingt-quatre pieds de haut portant un carillon de trente-six cloches. Dans l'Église-Neuve, dite de Sainte-Catherine, est le tombeau de l'amiral Ruyter. Joignez à ces beaux édifices l'hôtel de la Compagnie des Indes, les bâtiments de l'Amirauté, qui ressemblent à une ville à part, les chantiers de construction, et un vaste port dans lequel il entre bien trois mille navires chaque année.

Amsterdam n'est point la capitale officielle du royaume de Hollande (le roi réside à la Haye); mais elle est sans contredit la principale ville et la vraie capitale du pays. En 1807, quand le frère de l'empereur, Louis Bonaparte, fut, pour quelques années, roi de Hollande, il déclara Amsterdam la capitale de son État. Puis, en 1810, quand la Hollande se vit annexée à l'empire français, Amsterdam fut le chef-lieu du département du Zuyderzée. Un décret la déclara troisième ville de l'empire; Rome était la seconde: il est inutile de nommer la première. Quel empire, et quel vaste triangle formaient ces trois capitales!

2. L'origine de Bruxelles remonte au huitième siècle, saint Gori, évêque d'Arras et de Cambray, ayant fondé une chapelle dans une petite île formée par la Senne, cette île devint le bourg de Bruxelles que, plus tard, son agréable position fit choisir pour résidence aux ducs de la Basse-Lorraine. Elle est bâtie sur un terrain inégal; et ses rives sont généralement

escarpées. Sa partie basse renferme beaucoup de maisons dans le goût de la renaissance. Les habitations, badigeonnées tous les ans au printemps, sont d'une éclatante blancheur.

On retrouve encore dans les rues de Bruxelles, comme dans celles d'Anvers, le style d'architecture du quinzième au seizième siècle ; façades surchargées d'ornements, et terminées en un toit dont la pente est cachée par des fenêtres et des mansardes ; riche mélange de tourelles, de créneaux, de fenêtres en saillie et sculptées avec soin ; mais ces édifices disparaissent de jour en jour, les vestiges du passé s'éloignent ; partout en Europe le confrotable remplace le pittoresque.

La plus belle place est la place Royale, dont l'enceinte quadrangulaire est formée par le beau portail de l'église de Saint-Jacques, et par huit hôtels construits dans le goût italien. La grande place offre un aspect différent ; les édifices qui l'entourent réunissent les divers genres d'architecture, espagnol, flamand et gothique. Le principal est l'hôtel de ville, bâtiment flanqué de cinq tourelles hexagones, et surmontées par un beffroi haut de trois cent soixante pieds ; le toit est couronné par une statue de saint Michel en cuivre doré de quinze pieds de haut, et que le vent fait tourner sur un pivot. Une belle fontaine en marbre blanc représente Minerve assise, tenant les portraits de l'empereur François Ier et de Marie-Thérèse ; elle date de 1751. La place de Saint-Michel, d'une moins grande étendue, est plantée d'arbres et

10.

entourée de constructions d'une élégante architecture. Sur celle de la Monnaie sont le théâtre royal et l'hôtel des monnaies, bâtiment simple et imposant. L'antique église de Saint-Michel et de Sainte-Gudule élève sa belle façade gothique sur un monticule au nord de la ville.

D'autres édifices, de grands établissements, sont visités à Bruxelles : le palais des représentants, celui de la Justice, celui du roi, les académies, les établissements d'université, la bibliothèque de la ville, qui contient 250,000 volumes, et une autre riche bibliothèque, dite des ducs de Bourgogne, le jardin botanique et une collection de tableaux peu remarquable en général, si on la compare aux trésors qui abondent dans d'autres villes flamandes, mais qui ne laisse pas que de posséder de belles toiles dont on peut prendre connaissance dans les *Musées* de M. Viardot.

Bruxelles, dans ces derniers temps, a reçu des accroissements surprenants; on a vu son enceinte agrandie de nouvelles rues ouvertes et pavées, les monotones remparts de la cité convertis en agréables boulevards, une vaste salle de spectacle, un palais pour la représentation nationale, un autre pour l'industrie, un observatoire, un hospice très-beau pour les vieillards, des prisons dans lesquelles on a entrepris de résoudre le problème de la répression jointe à l'humanité : tant d'efforts ont eu pour résultat d'assurer à Bruxelles son rang parmi les belles capitales de l'Europe.

Les Bruxellois aiment à se montrer avec d'élégants équipages sur les boulevards dont la ville est environnée, sur l'Allée-Verte, belle avenue plantée d'arbres, située entre le canal et le chemin de fer. A l'extrémité de l'Allée-Verte est la belle route d'Anvers, dominée par le palais de Laeken, demeure royale d'été, qui s'élève sur une éminence et est entourée d'un beau jardin anglais. Le continuateur de Malte-Brun caractérise avec vérité la capitale de la Belgique : « Dans une circonférence de deux lieues et demie, Bruxelles offre comme une réunion de petites cités qui diffèrent par le langage, les occupations et les mœurs. Le quartier du Parc est habité par la noblesse, par les riches banquiers et les étrangers de distinction. Vers le sud une population active, peu nombreuse, se distingue par sa physionomie et sa langue. La ville basse est presque exclusivement peuplée de Flamands attachés à leurs demeures aussi bien qu'à leurs anciennes coutumes. Le quartier situé entre ce dernier et celui du Parc est le centre du commerce et des plaisirs. Là sont les bijoutiers, les modistes, et tous les industriels qui trafiquent sur le luxe des gens riches. La rue de la Madeleine, montueuse et sale, mais flanquée de maisons curieuses par leurs pignons bizarrement sculptés et souvent dorés, est le point de réunion des plus beaux magasins. »

Bruxelles, capitale du royaume de Belgique, royaume nouveau qui date seulement de 1830, et qui était auparavant la plus belle partie de la monarchie du royaume des Pays-Bas, est, à vrai dire, une ville française de mœurs, de physionomie, de langage surtout. Ne me demandez pas à quelle province belge appartient cette capitale ; vous savez bien qu'elle est la vieille capitale du Brabant. A défaut de la géographie, vous aurez, pour le savoir, la mémorable complainte de Juif-Errant :

> Un jour, près de la ville
> De Bruxelles en *Brabant....*

Et vous savez comment, tout en acceptant sa part d'un pot de bière fraîche, le vénérable vieillard, toujours à Bruxelles, raconta sa longue et douloureuse aventure. Pardon de ce souvenir populaire et de cette humble littérature, qui viennent ici se glisser parmi ces graves revues des grandes cités européennes.

CHAPITRE VII.

LES DEUX PÉNINSULES.

I.

1. — Madrid ; sa situation, ses beaux quartiers, ses grandes rues, ses places, ses arcs de triomphe, le Palais-Royal, le pont de Tolède ; promenades. — 2. Lisbonne ; beauté de son port, aspect de ses rues, ses palais et ses églises ; aqueduc de Bonifice ; alentours de la capitale.

Espagne et Portugal, Italie, voici l'Europe méridionale qui va nous ouvrir, dans ses deux grandes péninsules, ses belles cités, ses capitales, plus intéressantes que celles du Nord, plus dignes de captiver le cœur et les yeux, par la munificence du soleil et par la splendeur des arts.

1. — La ville de Madrid commença à compter parmi les villes royales vers la fin du quatorzième siècle ; elle reçut le titre de capitale par une ordonnance de Philippe II. Son nom paraît être d'origine arabe, et signifier Maison du bon air ; ce nom ne serait pas entièrement justifié. Située à dix-huit cents pieds au-dessus du niveau de la mer, la ville de Madrid a une température variable : on y étouffe l'été ; le froid s'y fait vivement ressentir en hiver, et parfois dans les autres saisons.

C'est une très-belle ville peuplée de deux cent mille habitants. Elle est environnée d'un mur précédé par des boulevards plantés d'arbres. On entre dans son enceinte par dix-sept portes, dont trois sont des arcs de triomphe : les portes d'Atocha, de Ségovie et d'Alcala ; ce dernier est le plus imposant, il est d'ordre dorique. Dans sa généralité, Madrid est une ville neuve ; elle renferme bien encore un certain nombre d'anciennes maisons en bois et décorées, suivant l'ancien usage, de peintures représentant des combats de taureaux, avec les costumes du seizième siècle ; mais les quartiers modernes, qui tendent à prévaloir, bâtis en briques et en pierres, offrent des habitations de moyenne élévation, d'une architecture simple, assez uniforme, et dans lesquelles on remarque de plus en plus le goût français. La plus remarquable de ses rues, par son étendue et par les édifices qui la bordent, est celle d'Alcala ; dix voitures peuvent y passer de front. Cette rue et quelques autres sont régulières, bien alignées et garnies de larges trottoirs pavés avec un silex de petite dimension, fort désagréable aux piétons. Peut-être en ce moment l'asphalte, qui règne dans notre capitale, est-il entré dans celle de l'Espagne. Doit-il y avoir des Pyrénées pour les heureuses inventions de l'industrie moderne ?

On compte à Madrid quatre-vingt-deux places, dont plusieurs sont dignes d'être remarquées. Telles sont 1° la place du Palais-Royal ; 2° la place du Soleil, sorte de carrefour où viennent aboutir les cinq principales rues de Madrid, rendez-vous ordinaire des gens d'affaires et de la population oisive de la capitale; 3° la Plaza-Mayor, grande place, au centre de la ville, célèbre jadis par les courses de taureaux et les fêtes publiques auxquelles le monarque assistait sur le balcon d'un petit palais aujourd'hui destiné aux séances d'une académie ; 4° la place de l'Hôtel de ville, décorée d'une belle fontaine dont les sculptures allégoriques représentent les armes de Léon et de Castille.

Les églises sont peu remarquables sous le rapport architectural. Le principal édifice de Madrid est le palais du roi, sur le côté occidental de la ville, à peu de distance de la porte de Saint-Vincent, sur une hauteur, en vue de la campagne et sur la droite du Manzanarès. C'est un édifice rebâti par Philippe V, sur les ruines de l'ancien palais devenu la proie des flammes en 1724. Son architecture est belle, quoique un peu lourde. Le roi Joseph, frère de Napoléon, établi sur le trône des Espagnes de **1808** à **1812**, embellit Madrid, et fit dégager les alentours du Palais, qui put dès lors être regardé comme une des plus belles résidences royales de l'Europe. Il y a de grands établissements à Madrid : la bibliothèque publique, fondée par Philippe V, et qui est d'une grande richesse; l'arsenal, qui possède de beaux souvenirs historiques. Les Espagnols aiment à y voir l'armure de leur célèbre reine Isabelle la Catholique. Par exemple, il n'y faut plus chercher l'épée de François Ier, noble trophée du grand captif de Pavie que Napoléon a reconquis sur l'Espagne, de même qu'il avait enlevé l'épée de Frédéric II, au tombeau de ce roi, à Postdam.

Il y a à Madrid de beaux musées, assez récemment fondés. Le Musée du Roi, au Prado, contient la collection publique de peintures, auparavant dispersées dans les diverses résidences royales, et forme maintenant un musée que M. Viardot n'hésite pas à regarder comme le plus riche du monde. Un second musée, peuplé de beaux objets, est le Musée national, établi dans les bâtiments de l'ancien couvent de la Trinité; l'Académie de Saint-Ferdinand, dans l'étage supérieur du palais de Charles III, rue d'Alcala, complète l'ensemble de ces trésors artistiques dans la capitale de l'Espagne.

C'est un pont magnifique que le pont de Tolède, près de la porte de ce nom, sur le Manzanarès. Cette rivière n'est qu'un ruisseau qu'on pourrait passer à gué, si bien qu'un plaisant conseillait de vendre le pont pour avoir de l'eau. Mais l'abondance des pluies dans l'arrière-saison, et la fonte des neiges au printemps, rendent toute son utilité au pont de Tolède. Le cours du Manzanarès est à peine de vingt lieues.

Aux portes de Madrid sont de belles promenades : d'abord le Prado, sur la rive gauche de la rivière, magnifique plantation, le rendez-vous de la belle société ; puis les Délices, avec de longues allées et une belle prairie qui s'étend le long du Manzanarès ; enfin, les jardins du Buen-Retiro, beau palais élevé à la pointe de Madrid par Olivarès, sous Philippe IV ; il fut endommagé en 1808 par le feu de l'artillerie française ; aujourd'hui il est dans l'enceinte de Madrid, et donne sur le Prado.

Plus loin, à une certaine distance de Madrid, sont trois sites très-curieux. Le premier, la Florida, jardin rempli de fleurs, ainsi que l'indique son nom, et fondé par Charles III, est assez peu fréquenté du beau monde de Madrid ; on y rencontre plus de lavandières que de grandes dames. Le Pardo est une fort belle résidence d'hiver, à deux lieues de Madrid. La Moncloa est aussi un lieu de plaisance, richement orné et meublé, mais assez peu fréquenté. Cette promenade, jointe au Pardo, forme, avec Aranjuez et la Granja, les quatre résidences des rois d'Espagne, une pour chaque saison.

2. — Le port de Lisbonne est un des plus beaux ports de l'Univers. Il est défendu par le fort Bugio, situé sur une île, à l'embouchure du Tage, et par

celui de Saint-Julien sur la rive droite. La ville s'é-
lève en amphithéâtre dans un espace d'environ trois
lieues de longueur sur une largeur de plus d'une lieue.
Il y a deux villes à Lisbonne ; la vieille ville offre un informe assemblage de rues tortueuses et étroites, dont
la plus grande partie avait été détruite par le tremblement de terre de 1755 , terrible désastre qui eut beaucoup de retentissement en Europe, où mourut le petit-
fils de Racine, et dont on fera bien de lire les détails
dans l'histoire de Portugal de M. Ferdinand Denis. La
nouvelle ville, formée de rues larges, presque toutes
bien alignées et garnies de trottoirs, s'accroît de jour
en jour. La plupart des maisons, composées de trois
à cinq étages , présentent des façades régulières , entrecoupées par la verdure d'une infinité de jardins.
La ville de Lisbonne, dans ses beaux quartiers, est
une capitale du premier ordre.

La principale place est celle du Commerce appelée
aussi la place des palais, bornée d'un côté par le
Tage, et ornée de beaux édifices, tels que la Bourse,
la Douane et la maison des Indes. Au centre s'élève la
statue équestre de bronze de Joseph Ier. L'autre place,
moins grande que la précédente, est bornée par le
vaste palais de l'inquisition qui renferme aujourd'hui
les bureaux des différents ministères. Les édifices
que l'on doit citer à Lisbonne sont le palais royal, dans
le faubourg de l'Ayuda, deux autres palais royaux,
le théâtre de San-Carlos, le collége des nobles, l'arsenal de la marine. La cathédrale, ou basilique de
Sainte-Marie, est un vieil édifice restauré dans le goût

moderne. On visite aussi l'église des Martyrs, élevée sur l'emplacement où les Maures furent défaits par le roi chrétien Alphonse Ier.

En dehors de Lisbonne, une grande construction est l'aqueduc de Bemfica, qui porte à cette capitale la plus grande partie des eaux dont elle fait usage. C'est un des plus beaux ouvrages de l'Europe moderne. Les anciens n'avaient peut-être rien exécuté de plus grand en ce genre ; il a des arches hautes de deux cent six pieds, larges de cinquante-six pieds, et de cent pieds d'ouverture.

Les environs de la ville offrent de beaux sites : Oerias, belle maison de plaisance du roi ; Cintra, lieu renommé par la capitulation en vertu de laquelle l'armée française, épuisée de forces, évacua le Portugal en 1808 ; Mafra, qui contient à la fois un palais, un couvent et une église, triple construction embellie par les arts, et formant, dans son ensemble, le plus magnifique édifice du royaume. Loires, à trois lieues de Lisbonne, est connue par ses plantations d'orangers ; Campo-Grande est, comme son nom l'indique, une vaste plaine entourée de magnifiques jardins, de vastes allées où la cour et la ville vont promener leurs loisirs et étaler, comme aux Champs-Élysées de Paris, les riches toilettes, le luxe des équipages et tous les caprices de la mode, ordinairement plus parisienne que portugaise.

II.

Capitales italiennes : 1° Turin, ses deux villes, ses rues et les ruisseaux qui les parcourent, ses palais, ses églises, la chapelle du
Saint-Suaire, ses environs. — 2° Milan, aspect général, le dôme,
autres églises, palais, divers objets curieux, alentours, trésor de
Monza, aperçu historique. — 3° Venise, vue d'ensemble place
Saint-Marc, le palais des Doges, souvenirs, l'Arsenal, le Lido. —
4° Florence, grande et belle ville, églises, baptistère, tombeaux,
places, statues, palais Pitti, musée Florentin.

Il y a plus d'une capitale en Italie ; cette admirable
région a vainement aspiré à l'unité . elle a toujours
formé divers États indépendants les uns des autres,
qui ont possédé plus ou moins de puissance, et riva-
lisé par la magnificence de leurs cités souveraines.
Parmi toutes les villes illustres qui couvrent le sol italien , il y en a au moins six qui réclament ce grand
nom de capitale : quatre au nord et au centre, que
nous réunirons sous ce même paragraphe ; puis Naples,
la cité du midi ; et enfin la capitale des capitales italiennes, la ville éternelle, la Rome des Pontifes.

1. — Turin, capitale des États sardes, et résidence
du roi, est située dans une belle et vaste plaine au
confluent du Pô et de la Doire. Le pont sur la Doire
est un des plus admirables qui se puissent voir pour
la hardiesse de sa coupe et sa légèreté.

Il y a aussi deux villes dans Turin : le vieux
Turin, qui ressemble à toutes les vieilles cités, n'a
rien de remarquable, et ne contient guère que le
sixième du total de la ville ; ensuite le nouveau Turin,
qui possède toute l'élégance des plus belles capitales de

l'Europe. Ses rues sont larges, droites, tirées au cordeau ; les principales sont la rue Neuve, la rue du mont Cenis, la rue du Pô, la rue de la Citadelle. La première a plus de mille mètres d'étendue ; elle se compose d'une ligne de façades uniformes, variées toutefois par l'élégance des balcons et l'élégance des magasins qui occupent tout le rez-de-chaussée. Les deux aboutissants sont admirables pour la vue qu'ils présentent : d'un côté le palais d'Aoste, de l'autre le mont Cenis qui élève ses crêtes dans le lointain. Ce qui diversifie aussi l'aspect des grandes rues, c'est la ligne des fenêtres surmontées de chambranles saillants, ornés de festons. Souvent aussi l'entrée est formée d'un vestibule soutenu par des colonnes ou des pilastres.

Turin est la plus propre des villes italiennes : c'est un avantage qu'elle doit à l'abondance de ses eaux qui coulent dans les rues, les nettoient, les rafraîchissent, et l'hiver les débarrassent de la neige. Pour entraîner la neige et les immondices, il suffit d'ouvrir pendant deux heures le château d'eau de la porte de Suse. Ces ruisseaux qui circulent dans la ville ne pouvant être franchis d'une enjambée, on les passe tantôt sur de petits ponts formés d'une large dalle que supportent deux piles de pierres, tantôt sur les piles mêmes dont la hauteur excède peu le niveau de l'eau. Cette circonstance donne aux rues de Turin une physionomie fort singulière.

Il y a aussi de très-belles places à Turin. Celle du Château est peut-être la plus vaste de l'Europe. La place Saint-Charles se fait remarquer par ses portiques et ses belles façades. Le palais royal déploie ses trois ailes autour d'une vaste cour, et il a vue sur les quatre principales portes de la ville. Il occupe le centre de la place du château; sa construction, assez étrange, présente d'un côté une façade gothique, de l'autre la régularité d'une construction classique. Le palais d'Aoste ne se fait admirer que par un escalier d'une grande beauté d'architecture; le palais Carignan est un édifice bizarre, bâti sans goût et qui offre un aspect désagréable par les lignes de briques noircies qui ont servi à sa construction.

Les églises, très-nombreuses, sont en général plus remarquables par l'élégance que par la majesté. C'est ainsi du moins que l'on peut caractériser la cathédrale, dédiée à saint Jean. On cite Saint-Philippe de Néri, qui offre une vaste nef et un beau portique moderne; les décorations y sont prodiguées avec un goût qui n'est pas toujours bien sûr. Mais un monument religieux que l'on admire surtout à Turin, et qu'il convient de décrire, est la chapelle du Saint-Suaire, contiguë au palais du roi et adossée à la cathédrale, dont elle fait partie bien qu'elle forme une église particulière. Sa forme, selon M. Maccarthy, est une rotonde très-élevée, percée de six fenêtres à grandes arcades, entre lesquelles s'élèvent des colonnes groupées. La coupole se compose de plusieurs voûtes en marbre, percées à jour, entrelacées les unes dans les autres, et disposées de manière à laisser voir au sommet de l'édifice une couronne de marbre en forme d'étoile qui semble suspendue en l'air. L'autel de marbre noir, suspendu au milieu, porte une châsse carrée garnie de glaces et renfermant une relique bien vénérée, le Saint-Suaire, grande pièce de toile couleur rousse, fine et claire. Le pavé est de marbre bleuâtre, dans lequel sont incrustées des étoiles de bronze doré. La chapelle entière est revêtue de marbre noir; un demi-jour la remplit, et porte au recueillement; tout l'ensemble est d'une grande beauté, et d'une admirable disposition.

Parmi tous les édifices publics qui abondent à Turin comme dans toutes les capitales, il faut surtout considérer les bâtiments de l'Université. On y entre par une grande tour carrée, entourée d'un rang d'arcades, à double étage, dont les murs sont incrustés de bas-reliefs et d'inscriptions antiques. L'édifice a été fondé en 1405; il renferme une bibliothèque très-riche, un magnifique musée des antiques, un des plus riches médailliers de l'Europe, un musée égyptien recueilli par les soins du consul de France, M. Drovetti, et qui le dispute en richesse à la collection égyptienne, d'ailleurs magnifique, que l'on peut admirer au palais du Louvre.

Les amateurs de la promenade ont beaucoup de ressources dans Turin. La plus fréquentée est le jardin du palais royal, dessiné par Le Nostre, le même célèbre jardinier qui a tracé le jardin des Tuileries; des terrasses on découvre une vaste plaine et une partie de la chaîne des Alpes. Il y a aussi la place du Rondo, et le rempart ombragé par de beaux arbres; puis les allées verdoyantes du Valentin, au bord du Pô, bordées de nombreux canaux, où coulent des ruisseaux d'eau vive. Au bout de la principale allée se montre, sur le bord du fleuve, le petit château du Valentin. Le palais Stupinis, rendez-vous de chasse du roi, est un fort bel édifice. Si l'on sort de Turin, les environs offrent de très-beaux sites, des campagnes riantes, et toujours l'aspect des Alpes. Turin se déploie au pied d'une haute colline toute couverte de belles maisons de plaisance, parmi lesquelles s'élève une villa royale, la Vigne de la Reine. Au sommet de la colline, la Superga, magnifique église érigée à la gloire de la mère de Dieu, à peu près dans le genre du Panthéon de Paris, étale ses belles colonnes de marbre rouge et blanc. Dans les caveaux de cette église on va visiter les tombeaux des rois et des princes du Piémont. Au sommet de la colline et sur le perron de l'église, la vue est d'une grande beauté, le regard se prolonge sur l'immense plaine du Piémont, et il s'égare sur les sommets des Alpes, dont les neiges éternelles resplendissent aux feux du soleil italien.

2. — C'est aussi une grande capitale que Milan, principale ville du royaume Lombard-Vénitien, et résidence du vice-roi. Elle est située dans une vaste plaine sur les bords de l'Olona. Il est vrai que beaucoup de ses rues sont irrégulières, étroites, sans alignement, particulièrement la rue longue et tortueuse qui mène à la cathédrale ; mais elle a aussi de beaux quartiers, des édifices du premier ordre, et par-dessus tout la cathédrale, le Dôme, une des merveilles du monde moderne.

Le dôme de Milan fut commencé en 1386 par le duc Galéas Visconti, sur les dessins de Brunelleschi, célèbre architecte de la première renaissance. Selon les détails donnés par M. Valery, dans ses Voyages historiques et littéraires en Italie, sa longueur est de 454 pieds, sa largeur de 270, la voûte de l'édifice a 232 pieds d'élévation, et la plus haute de ses tours 355 pieds. Un peuple de statues est jeté sur son toit, dans les angles, sur les flèches, au-dessus de toutes les tours ; la statue colossale de la Vierge est placée sur le point culminant de la coupole. Le nombre de ces statues paraît s'élever à près de 3,000 ; mais un grand nombre d'elles échappent à la vue par leur élévation. L'intérieur est supporté par 52 piliers, ayant 84 pieds de hauteur et 24 de circonférence. Il y a deux chaires d'un grand travail, ornées des quatre Évangélistes et de quatre Pères de l'Église, statues en bronze, du sculpteur Bambilla ; on admire aussi, du même artiste, le riche tabernacle du maître autel, en bronze doré, et les bas-reliefs de l'enceinte du chœur.

Une chapelle souterraine renferme le corps de saint Charles Borromée ; le saint est dans un sarcophage de cristal chargé de bas-reliefs et de magnifiques ornements. Il est revêtu de ses habits pontificaux enrichis de diamants ; sa tête mitrée repose sur un coussin d'or. D'autres grands mausolées attirent les regards, celui d'Othon le Grand, et ceux d'autres personnages célèbres, entre autres le tombeau du marquis de Marignan, composition exécutée sur les dessins de Michel-Ange.

Il y a une ancienne église de Saint-Ambroise, qui

offre un assemblage singulier des divers styles de l'architecture chrétienne, depuis le quatrième jusqu'au quinzième siècle ; elle est décorée de fresques et d'autres peintures. Milan compte encore d'autres églises, recommandables par leur architecture ou par leurs richesses : Sainte-Marie de la Passion , Saint-Sébastien, Saint-Marc, Saint-Barthélemy.

Il ne faut pas manquer, quand on est à Milan, d'aller, dans l'ancien couvent dominicain de Sainte-Marie des Grâces, visiter la célèbre fresque de Léonard de Vinci, représentant la Cène, peinte à l'huile sur les murs du réfectoire. Cette grande peinture a trente pieds de long sur quinze de haut. Elle a beaucoup souffert du temps et de l'abandon. En 1797, le réfectoire ayant été changé en un corps de garde, les soldats ne trouvaient rien de mieux à faire pour tromper l'ennui que de s'exercer à tirer à la cible contre le chef-d'œuvre. Un voyageur, M. Simond, rapporte que l'Empereur, étant à Milan, s'aperçut de la profanation ; il s'irrita, frappa du pied, fit évacuer la salle, murer une des portes, et placer à l'entour la balustrade que l'on y voit encore.

Il y a de beaux palais à Milan : le palais du vice-roi, ceux de l'archevêché, des douanes, de la comptabilité et la caserne , le plus bel édifice de guerre qui existe et construit par les ordres du prince Eugène, alors vice-roi d'Italie. Ce que l'on appelle Château est une citadelle hexagone avec six bastions et d'autres ouvrages extérieurs. Sur son esplanade vient aboutir la route du Simplon ; là aussi se trouve la porte de ce nom , arc de triomphe aussi grand que celui de l'Étoile à Paris, orné de beaux bas-reliefs en marbre blanc tiré de cette montagne même. — Le théâtre de la Scala est un des plus beaux de toute l'Italie, et peut-être le plus renommé par la supériorité de ses chanteurs. — La bibliothèque Ambroisienne, fondée par le cardinal Borromée, est un des plus riches dépôts littéraires qu'il y ait en Europe ; elle renferme un musée d'art et d'histoire naturelle. — Il ne faut pas oublier le cirque, l'Arena construit sous Napoléon, et qui rappelle les cirques romains ; les gradins peuvent contenir 30,000 spectateurs. — Le Cours, entre la Porte Orientale et la Porte Romaine, est bordé de palais et de belles allées d'arbres . c'est le rendez-vous du luxe milanais. A Milan, comme en d'autres villes d'Italie, on donne aussi à certaines grandes rues le nom de *Corsi,* parce qu'elles ont coutume de servir de théâtre aux courses de chevaux.

Les alentours de Milan offrent des attraits de diverse nature aux visiteurs et aux étrangers. A une demi-lieue de la ville on va visiter la petite maison de Pétrarque, dont il reste deux colonnes, sur lesquelles on lit son chiffre ; le plancher et les voûtes des deux chambres donnant sur la campagne sont tout ce qui reste de l'époque du poëte. A quelques lieues au nord, à Monza, existe un beau palais d'une noble architecture , ainsi qu'une cathédrale, vieille basilique, fondée par Théodelinde, reine des Lombards. On y montre la célèbre couronne de fer, dont on ignore l'origine, et que Napoléon, roi d'Italie, plaça sur sa tête, en disant : Dieu me l'a donnée, malheur à qui la touche ! (*guai a chi la tocca !*), inscription gravée sur la couronne. On voit

encore, dans la cathédrale, le reliquaire de Théodelinde qui contient la couronne de cette reine, sa coupe
de saphir, son peigne et son éventail.

Milan, ville antique, fut célèbre dans tous les âges.
Sous l'empire romain, elle fut quelque temps une résidence impériale ; plus tard saint Ambroise l'illustra,
quand ce saint archevêque résista aux fureurs de
Théodose. Devenue avec Pavie la capitale des Lombards, Charlemagne la réunit à son empire. Les seigneurs que les empereurs avaient placés comme gouverneurs s'étant révoltés, Frédéric Barberousse la prit
en 1162, la rasa et y sema du sel ; elle ne tarda pas à se
relever de ses ruines ; duché puissant sous les Galéas et
les Sforze, elle fut l'objet, au seizième siècle, de l'ambition des rois de France, qui se portaient comme héritiers
de la princesse Valentine. Les guerres d'Italie n'abou-
tirent pas pour la France. Milan fut tour à tour espagnole,
autrichienne, puis un instant française, sous la royauté
de Napoléon, et la vice-royauté du prince Eugène,
dont la paternelle administration n'a pas été oubliée ;
enfin, malgré de grands efforts et de trop vaines espé-
rances, Milan est demeurée la capitale de l'un des
royaumes de la monarchie autrichienne.

3. — Venise est la seconde capitale du royaume Lombard-Vénitien ; autrefois capitale d'un État puissant, aujourd'hui déchue, mais toujours une des villes les plus
remarquables de l'Europe.

La Géographie de Malte-Brun décrit d'une manière
fort vive l'aspect général de Venise. En approchant des
côtes du golfe Adriatique, les lagunes s'étendent ; leurs

eaux verdâtres et stagnantes répandent leur maligne influence sur les habitations dispersées qui les entourent.
Bientôt les lagunes et l'Adriatique paraissent confon-
dues ; à mesure que l'on descend, et que l'embarca-
tion glisse sur la surface tranquille, on voit peu à peu
à l'horizon sortir de l'onde une longue ligne de tours,
de clochers, d'habitations. Au milieu d'un vaste marais
plus de quatre-vingts îles, réunies par deux cent soixante-dix ponts en pierre et trente-six en bois, composent le sol de cette grande ville. La circonférence
totale de Venise est de près de trois lieues : un grand
canal, que traverse le pont du Rialto, la divise en deux
parties égales, et cent quarante-six autres canaux bordés de maisons forment des rues. Entre ces canaux les
groupes de maisons qui s'élèvent sont divisés aussi par
des rues, ou plutôt par des ruelles, espèces de passages
découverts à l'usage des piétons. Malgré sa position,
Venise ne se ressent pas de la mauvaise influence
des lagunes ; le mouvement continu des flots divise
l'air et l'assainit. A Venise pas de voitures, les barques
sont le seul moyen de communication, et l'on est frappé
du calme qui règne dans cette ville, du silence à peine
interrompu, vers le soir, par le chant du gondolier.

Pour peu qu'on ait entendu parler de Venise, de la
reine de l'Adriatique, de la cité des doges, on se reporte à l'église et à la place Saint-Marc. La basilique
de Saint-Marc ne ressemble à aucune autre construction. Elle paraît remonter au dixième siècle, du moins
elle offre le luxe et le caractère de l'architecture byzantine. Sa façade se déploie sur cinq grandes arcades

rangées en ligne comme celles d'un pont. Environné par un portique que soutiennent deux cent quatre-vingt-huit colonnes, son faîte extérieur est hérissé de pyramides et d'un peuple de statues. Sa façade, longue et écrasée, présente cinq grandes arcades fermées par des portes de bronze. Autour de l'édifice règne une tribune ; sur la face principale de cette tribune on voit les fameux chevaux de Corinthe, attribués au grand sculpteur Lysippe. L'histoire des vicissitudes de ce monument est curieuse. Ils auraient été fondus à Corinthe, puis transportés à Athènes, et de là rapportés par la conquête à Rome, où ils servirent aux arcs de triomphe élevés à Néron et à Trajan. Constantin les transporta à Byzance, puis les Vénitiens, au treizième siècle, au temps de leur puissance conquérante, c'est-à-dire au fort des croisades, les firent passer de Constantinople à Venise. Napoléon les conquit et les transporta à Paris, où ils furent placés sur l'arc de triomphe du Carrousel. Repris en 1815, les chevaux de Lysippe ont retrouvé leur place séculaire sur le noble fronton de l'église de Saint-Marc.

L'intérieur de cette vaste cathédrale est sombre, mais surchargé de riches ornements. On admire les mosaïques à fond d'or, exécutées dans l'origine par des artistes byzantins. Elle possède de grands trésors, et surtout les plus belles reliques, un des clous de la croix du Sauveur, l'éponge et le couteau dont Notre-Seigneur aurait fait usage dans la Cène.

La place de Saint-Marc est une des plus belles de l'Europe, surtout si l'on considère son aspect du côté

de la mer. A l'une des extrémités de la place, on voit
deux grands mâts sur lesquels flottait jadis la bannière
de Venise, et qui portent maintenant le drapeau autrichien. A l'autre extrémité, près du quai, deux colonnes égyptiennes de granit soutiennent, l'une la
statue de saint Théodore, l'autre le fameux lion de
Saint-Marc, qui, avant de venir reprendre sa place antique, a figuré comme trophée de nos victoires sur la
fontaine des Invalides à Paris.

A droite on voit le palais ducal, l'ancienne résidence
des doges, dont la pesante architecture atteste l'é-
poque qui le vit s'élever, et la formidable destination
pour laquelle il fut érigé; d'énormes piliers lui servent
de base. Au milieu il y a une vaste cour peuplée de
statues, des salles ornées de peintures, et des étages
qui étaient remplis par les divers services de l'administration; et, à l'étage supérieur, les salles où se réunis-
sait, dans un isolement profond, le redoutable conseil
des Dix. On montre encore les prisons des Plombs,
affreux réduits, tout au haut du palais, où le malheureux captif, privé de lumière et d'espace, au point
qu'il ne lui était pas permis de se tenir debout, passait
de longs jours sous les feuilles de plomb de la toiture,
livré aux chaleurs meurtrières de l'été. Les curieux
se font aussi montrer, moins en réalité que par les
souvenirs traditionnels, les Pozzi, c'est-à-dire les puits
dans lesquels on ensevelissait les victimes, et le Pont
des Soupirs, qu'il fallait traverser pour se rendre à ces
odieux cachots.

Maintenant Venise est une ville nouvelle, une ville

européenne, qui vit plus par les réalités de la vie qu'avec les souvenirs. On y voit un grand nombre de beaux édifices, consacrés aux services publics qui se rencontrent dans toutes les capitales. Sur la gauche, toujours sur la place Saint-Marc, est le Palais-Royal, édifice moderne, orné de colonnes et d'arcades. Cette place enfin, avec ses brillants cafés, ses magasins somptueux sous les arcades, est le point de réunion des étrangers et des oisifs; elle est le centre où se passent les fêtes, les réjouissances publiques de la cité. Et néanmoins, au milieu de cette splendeur, de magnifiques palais, élevés par les plus grands architectes de l'Italie, surtout Palladio, sont vides d'habitants ou transformés en hôtelleries.

La bibliothèque publique, d'une extrême richesse, se compose de 650,000 volumes.

La peinture abonde à Venise ; les églises, les palais, les bibliothèques offrent en grand nombre les fresques et les toiles admirables qui ont fait la gloire des peintres vénitiens, de ces rois de la couleur, Titien, Tintoret, Véronèse, ces maîtres sublimes tous enfants de Venise, ainsi que Canova, le dernier grand artiste de l'Italie, qui avait vu le jour aussi lui dans la patrie des grands peintres.

L'arsenal de la marine, avec ses chantiers, occupe une enceinte de plus d'une lieue de tour. Son ancienne activité a été remplacée par le silence. Du côté de la ville, sur le port, on voit deux grands lions de marbre blanc, que l'on dit avoir été rapportés d'Athènes. Dans le musée d'artillerie attaché à l'arsenal, on aime à voir

des étendards turcs, trophées de la victoire de Lépante.
On montre aussi le casque de cuir d'Attila et le har-
nais de son cheval. Du reste, le souvenir du Fléau de
Dieu s'est conservé dans le parc de Venise. Dans l'île
de Torcella, belle ville épiscopale voisine de la capitale,
remarquable par sa cathédrale, monument du onzième
siècle, et enrichie de mosaïques et de peintures, subsistent les restes du palais d'Attila et la tribune de
pierre où la tradition veut que le terrible roi des Huns
ait eu coutume de s'asseoir pour rendre la justice.

On appelle *lidi* sept bancs de sable près de Venise,
formés par les alluvions des eaux douces et de la mer;
une d'entre ces îles, le Lido proprement dit , remarquable par le château de Saint-André, véritable oasis
chargée de fleurs et de verdure, offre un asile agréable
et solitaire aux promeneurs de Venise.

4. — La ville des Fleurs , *Florentia* , selon son
origine latine , ville ancienne et florissante dans tous
les âges , située dans une fertile vallée , aux pieds de
l'Apennin, sur l'Arno, se déploie dans sa majesté, avec
ses quatre ponts de pierre , dont le principal, le pont
Santa-Trinita, est de la plus belle construction. Elle est
entourée d'une haute muraille flanquée de tours et défendue par des forteresses. Malgré ses vieux quartiers,
ses rues étroites, ses édifices irréguliers et plusieurs
de ses palais qui rappellent les forteresses du moyen
âge , Florence ne laisse pas que d'être une superbe
cité. Elle a de fort belles rues, larges et pavées en dalles,
la belle et longue promenade du Cours, ses quais admirables , et des palais construits sur les dessins de

Michel-Ange, de Raphaël, des plus célèbres artistes de la Renaissance.

Il y a de très-belles églises à Florence. On admire d'abord la cathédrale, Santa-Maria dei Fiore, dont le dôme, avec la tour qui le surmonte, est d'une extrême élévation. La largeur de sa coupole surpasse celle de Saint-Pierre de Rome. A la hauteur des nefs règne une terrasse dont la balustrade tout en marbre est découpée comme une dentelle ; une seconde, à la base de la coupole, entoure cette partie aérienne de l'édifice comme une guirlande de fleurs. L'intérieur de l'église est riche de monuments, de statues et de tombeaux. Les murs, extérieurement revêtus de marbres rouges, bleus et noirs, sont d'une fort grande magnificence.

Le Campanile, qui s'élève auprès de la cathédrale et lui sert de clocher, est revêtu de la base au sommet de marbre précieux. Les trois portes de bronze de l'ancienne église lombarde du Baptistère sont ciselées avec un art admirable par le grand sculpteur Ghiberti. L'église de Sainte-Croix est riche de tableaux, de statues, et contient de beaux tombeaux, ceux de Galilée, de Michel-Ange, et celui d'Alfiéri par Canova. Une statue de Machiavel y est représentée balançant le poids d'une épée avec celui d'un livre, ce qui signifie que la science et le génie peuvent compenser la force des armes. Les tombeaux des Médicis, ouvrage de Michel-Ange, se trouvent dans la chapelle royale de Saint-Laurent. Partout à Florence, l'Athènes italienne, dans les églises, dans les palais, abondent les richesses de l'art ; là il faut toujours se souvenir que l'on foule la terre admirable qui, du treizième au seizième siècle, fut si fertile en grands poëtes et en artistes immortels.

Les places sont belles : l'Annonciation s'y présente avec ses portiques, ornés de fontaines et de statues ; la Trinité, avec sa belle colonne surmontée d'une statue de la Justice ; Saint-Marc, avec ses deux obélisques autour desquels ont lieu, chaque année, des courses de chars à la manière des anciens. La place du Grand-Duc, sur laquelle se dresse le gigantesque Palais-Vieux, édifice solide, sévère, pittoresque, datant de la fin du treizième siècle. Dominé par son beffroi, l'antique séjour des Médicis vous transporte dans le moyen âge ; il rappelle les splendeurs de ses anciens maîtres et les grands événements dont il fut le témoin. Enfin n'oubliez pas une petite place ou carrefour, à la descente du vieux pont où l'on voit le fameux groupe d'Hercule et du Centaure par Jean Bologna. Ce célèbre artiste a laissé à Florence bien des monuments publics de son génie. Sur la Loggia dei Lanzi, superbe portique de la place du Grand-Duc, on voit de ce maître l'enlèvement des Sabines, à côté d'un Persée en bronze de Benvenuto Cellini ; et sur le Pratolino, aux portes de Florence, s'élève, encore de Bologna, la plus grande statue en pierre qui existe, l'Apennin. Assis dans son repos, le colosse débonnaire mouille éternellement ses pieds dans un bassin digne d'un tel hôte par sa propre étendue. Un peuple de statues que l'on ne saurait énumérer illustre les places de Florence.

Le monument le plus renommé de cette grande ville

est le palais Pitti, du nom d'un Florentin qui le fit bâ--
tir en 1460; il se compose de trois étages et est
chargé de dorures et des plus riches ornements. On
peut se faire une idée de sa construction par celle du
palais du Luxembourg à Paris.

La collection des tableaux du palais Pitti, com--
mencée par le cardinal de Médicis vers le milieu du
seizième siècle, remplit deux galeries parallèles de
475 pieds de long, séparées par une large rue, et
réunies à l'extrémité par une troisième galerie qui
règne sur la rive droite de l'Arno. Les galeries sont
soutenues par des portiques d'ordre dorique qui ser--
vent de promenade. Là se trouve une collection de ta--
bleaux merveilleuse et bien célèbre en Europe. Derrière
le palais Pitti, s'élèvent en amphithéâtre les beaux jar--
dins Boboli. A leur suite est établi ce qu'on appelle
proprement le Musée florentin, la plus riche collection
de statues antiques qui soit au monde, à moins que le
musée du Vatican à Rome, ou celui du Louvre à Paris,
ne disputent cette gloire à l'antique cité des Médicis.

Le palais des Offices et l'Académie sont également
remplis de monuments des arts. Dans le palais des Of--
fices il y a une très-belle suite d'archéologie romaine,
en objets de bronze; on y remarque une aigle romaine,
l'aigle de la vingt-quatrième légion; et, ce qui peut
intéresser vivement les jeunes imaginations nourries
aux études classiques, c'est qu'elle a été trouvée sur
le champ de bataille de Cannes.

III.

Naples : sa situation, la ville ancienne, la ville **nouvelle**, la rue de Tolède, celle de Chiaja ; incomparable beauté de son paysage.

Naples, grande capitale peuplée de plus de 300,000 âmes, est aussi une des plus belles villes du monde ; assise au bord d'une baie admirable, elle s'étale avec une magnificence incomparable sur le penchant d'un coteau que baignent les eaux du golfe.

La vieille ville est au centre. Là les rues, étroites et obscures, sont bordées de maisons très-élevées ; la plupart sont en pierre avec des toits en terrasse. Le pavé est uni mais noir, parce qu'il est dallé avec des laves du Vésuve. Un vieil édifice à visiter du côté de la mer est le Castel-Nuovo, bâti par Charles d'Anjou, lourde et vaste construction qui est conforme à l'architecture militaire du moyen âge. L'entrée offre le majestueux arc de triomphe d'Alphonse Ier d'Aragon, ouvrage du quinzième siècle. Non loin de là est le château de l'OEuf, château qui a la forme de l'objet dont il a pris le nom, et qui s'avance dans la mer, isolé sur le haut d'un rocher ou d'un promontoire escarpé. La cathédrale, église gothique sous l'invocation de Saint-Janvier, remonte à l'année 1299 ; mais elle a été tant retouchée, que son caractère originel a presque disparu. Il y a d'autres églises remarquables : celle de Gésu-Nuovo ; celle de Sainte-Claire, dans les caveaux de laquelle les princes de la famille royale ont leur sépulture ; l'église de Saint-Martin, élevée sur le flanc d'une montagne au-dessus du château Saint-Elme.

Ce vaste château sert aujourd'hui de caserne pour les invalides ; avec ses formidables batteries, il commande toute la ville et la tient en respect contre les tentatives de sédition.

Les rues neuves sont larges, bien alignées et fort belles ; telle est la rue de Sainte-Lucie, et plus encore celle de Tolède. Il n'y a pas dans toute l'Europe un point plus animé que cette dernière rue. Par le concours du peuple, par le mouvement du commerce, par la multitude des chars qui la sillonnent, elle offre le joyeux spectacle d'une foire perpétuelle. Les lazzaroni, gens du port, portefaix et commissionnaires, si renommés par leur oisiveté, n'y font pas défaut. Ils y abondent comme dans la plupart des quartiers de Naples ; mais la plus belle de toutes les rues de Naples est celle de Chiaja, dans le faubourg de ce nom. Bordée par de superbes palais, terminée par un long quai formant une promenade plantée d'orangers et ornée d'élégantes fontaines, elle est le rendez-vous du luxe napolitain.

Devant la Chiaja, auprès de la mer, s'étend la Villa-Reale, beau jardin royal, délicieuse promenade, pour ses fontaines, ses allées d'acacias, ses bosquets d'orangers et de myrtes, son temple circulaire de marbre blanc, et surtout par le célèbre groupe du taureau Farnèse. La Villa-Reale, réservée à la cour, ne s'ouvre au public qu'une fois l'an, le 8 septembre.

Il ne faut guère chercher à Naples de beaux édifices au point de vue de l'art. Le Napolitain, content de sa belle nature, s'exerce peu à produire de grandes œuvres artistiques ; on trouve dans toutes leurs constructions l'abus de l'élégance et des ornements. On peut le dire du Palais-Royal, édifice sans majesté, mais d'une grande richesse, et surtout dans une admirable position. Mais si Naples sait peu produire les arts, elle sait bien les recueillir ; ses palais et en particulier celui des Études, qui contient la bibliothèque royale, offre l'une des plus riches collections d'arts et d'antiquités qui se puissent voir en Europe. Là sont réunis, dans un ordre admirable, tous les objets qui servaient à la vie religieuse, publique et privée des anciens.

Rien au monde n'égale l'aspect offert par les alentours de Naples , vus du rivage ou plutôt du château Saint-Elme. D'abord on voit sortir de ce beau golfe, à peu de distance de la ville, Capri et Ischia. A droite s'élève la masse noire du Vésuve menaçant la ville de ses flammes et dont les flancs, couverts d'une riche verdure, laissent voir une suite de blanches maisons de campagne qui montent presque jusqu'au sommet ; plus loin, des montagnes bleuâtres dont l'extrémité forme le promontoire de Massa ; au bord de la mer, Sorrento, la patrie du Tasse. A gauche Naples s'appuie sur les derniers versants du mont Pausilippe. Tout cet ensemble est si beau, que le Napolitain ne voit rien au-dessus de sa capitale ; dans son langage poétique, il la regarde comme un fragment du ciel tombé sur la terre. Voir Naples et puis mourir, dit-il ! avec enthousiasme (*Vedi Napoli, poi muori !*) ; il ne pense pas que l'on ait rien à faire, rien à voir sur la terre quand on a vu la reine des cités.

Il faut le reconnaître, dit à ce sujet **M.** de Monglave dans le Dictionnaire de la conversation, jamais contrée n'a été comme Naples favorisée des dons de la nature. L'air y est doux, tempéré par le voisinage de la mer, dont la surface polie et bleuâtre attire et captive les regards, tandis qu'on se sent environné des trésors de toute espèce. Les champs sont toujours fleuris, couverts de riches céréales, de vignobles et d'arbres fruitiers dont les branches plient sous le faix. Dans aucun pays du monde la vie n'est plus facile, plus abondante, à meilleur compte ; dans aucun pays, comme à Naples, il n'est permis au pauvre de vivre, à côté du riche, exempt d'envie, possédant sans effort tout ce qui est essentiel à la vie, et jouissant, aussi bien que l'homme opulent, des splendeurs de son ciel incomparable.

Les environs de Naples sont merveilleux, soit par leurs beautés naturelles, soit par l'abondance des souvenirs et des débris de l'antiquité qui parsèment toutes les routes. Il suffit de citer la grotte du mont Pausilippe, la Solfatare et les lieux chantés par Virgile, Cumes, l'Achéron, le Styx, l'Averne, les Champs-Élysées, le promontoire Misène, Baïes, lieu de délices, si chère à l'antique opulence romaine ; puis le Vésuve aux portes de Naples, si curieux par lui-même, si plein de souvenirs ; Herculanum et surtout Pompéia, ces villes ensevelies, et rendues comme vivantes à la lumière du jour. Tant d'objets intéressants font des alentours de Naples le plus intéressant tableau, le plus saisissant pour l'imagination, qui existe dans l'univers entier. Et enfin, au retour de ce voyage virgilien,

vous aimerez à visiter, sur le revers du mont Pausilippe, le tombeau de Virgile lui-même. C'est une
large base carrée en pierre et en briques, sur laquelle
s'élève une espèce de tour circulaire, dont l'intérieur
est une chambre voûtée. Le monument est ombragé
par des chênes verts.

CHAPITRE VIII.

ROME MODERNE.

Intérêt qui s'attache à l'étude de Rome moderne ; sa situation, exhaus-
sement du sol ; ses portes, ses rues, ses places et les monuments
qu'elles offrent ; édifices de Rome, d'abord monuments antiques,
puis monuments modernes ; églises, palais, villas.

Nous avons, dans la première partie, fait connaître
l'ancienne capitale du monde, la ville de Romulus,
d'Auguste et de Constantin ; ici nous devons retracer
Rome moderne, Rome vivante, demeurée la capitale
du monde chrétien. Je vais donc vous promener dans
Rome, non plus dans une ville imaginaire que nous
ne pouvons connaître que par les souvenirs ; mais
dans la ville pontificale, que deux jours de navigation
vous permettraient de visiter avec moi, mon jeune
lecteur, pour peu qu'il nous fût permis de nous em-
barquer, un beau matin, sur le vapeur qui part régulièrement de Marseille, pour débarquer à Civita-
Vecchia, l'ancienne Ostie, à l'embouchure du Tibre.

Je vais m'attacher, dans ce chapitre, en écartant toutes les descriptions détaillées du genre de celles que j'ai pu donner dans un autre volume, de vous présenter un relevé assez précis des monuments tant anciens que modernes dont Rome se glorifie, et de vous faire connaître avec assez d'exactitude les beautés de cette immortelle capitale que vraisemblablement vous visiterez un jour.

Comme la reine du paganisme, celle de l'Évangile, dit un voyageur que nous aimons à citer dans ce chapitre, est toujours assise sur les sept collines, dans sa vaste plaine, jadis fertile et aujourd'hui presque stérile, qui s'étend depuis la mer jusqu'aux Apennins. Elle se prolonge, de l'autre côté du Tibre, sur le Vatican et le Janicule ; mais si les noms et les lieux restent les mêmes, les choses ont bien changé. La vérité a détrôné l'idolâtrie ; la croix règne au Capitole ; à la place des temples païens, des églises dédiées au vrai Dieu couronnent toutes les hauteurs. Toutefois la capitale chrétienne est loin d'avoir l'étendue de l'ancienne. Rome ne compte que 170,000 habitants, et la ceinture des murailles élevées par Aurélien est devenue trop large ; l'espace qui s'étend des maisons au rempart antique est occupé par des vignes et des jardins sans culture et couverts de ruines.

On compte quinze portes d'entrée à Rome. La plus belle, au nord, est la porte du Peuple, sorte d'arc de triomphe attribué à Vignole et à Michel-Ange, mais qui porte des traces de mauvais goût, dues aux adjonctions qu'y aurait faites le Bernin pour l'entrée de la reine Christine de Suède. Les principales rues sont la rue Ripetta, qui conduit au Tibre ; celle du Babuino, qui conduit à la place d'Espagne ; les rues Lungara et Condotti, et surtout la Strada del Corso, qui, traversant presque toute la ville, sert aux courses de chevaux et peut être regardée comme la promenade la plus fréquentée de Rome. Il y a près de cinquante places publiques, dont nous allons rappeler les principales. La place du Peuple, près de la porte de ce nom, est ornée d'un superbe obélisque égyptien, jadis élevé par le roi Rhamsès II pour décorer le temple du Soleil à Héliopolis, et qui fut transporté à Rome par l'empereur Auguste. Une autre très-belle place est celle de Saint-Jean de Latran, décorée également par un obélisque originaire de Thèbes ; ce monolithe, enseveli à seize pieds de profondeur, fut déterré et élevé sur cette place par Sixte V. Un obélisque encore, mais d'une plus petite dimension , décore la place du Panthéon. Sur la place du Quirinal, en face du palais de ce nom, on voit, à côté d'un obélisque de porphyre rouge, une belle fontaine dont les eaux retombent dans un bassin de granit oriental de près de quatre-vingts pieds de circonférence , et taillé dans un seul bloc. Un lieu où se tient le principal marché, la place Navone, est embelli par une magnifique fontaine. Le palais de la cour d'Espagne, le magnifique escalier qui conduit à l'église de la Trinité du Mont et une belle fontaine ornent la place d'Espagne. La place Colonne se fait remarquer par sa colonne Antonine , surmontée d'une statue de saint

Paul. Un autre obélisque en syénite rouge a été érigé sur la place du mont Citorio, sous le pontificat de Benoît XIV. Enfin un lieu fort peu remarquable comme place moderne est le Campo-Vaccino, l'ancien Forum romain, dont Rome moderne a fait très-longtemps le marché aux bœufs, par un étrange renversement de la destinée. On y voit des colonnes de temple et d'autres débris que le voyageur doit rechercher et étudier avec un soin curieux. Le gouffre de Curtius est maintenant une petite mare dans laquelle barbotent en liberté quelques canards, propriété des habitants du voisinage.

Nous écrivons ici un chapitre sur Rome moderne, et nous retrouvons encore les monuments et les souvenirs anciens ; cela était inévitable. Plus haut, en parlant de Rome antique, nous avons montré ce qui existait et ne subsiste plus dans la capitale de l'ancien monde. Ici, pour faire connaître Rome moderne, il faut aussi commencer par constater les débris de l'ancienne. Or, voici les principaux monuments anciens qui subsistent sur le sol renouvelé de la Rome des pontifes.

1° Le Panthéon, élevé par Agrippa en l'honneur de tous les dieux, est maintenant l'église de Tous-les-Saints. Sa voûte, image de la voûte céleste, est ronde, éclairée par une ouverture également ronde, au sommet. On peut prendre une idée de la rotonde du Panthéon par celle de la Halle au blé à Paris. Le temple est précédé d'un beau portique de seize colonnes de granit et couronné d'un fronton porté sur huit autres colonnes. On voit dans l'intérieur le tombeau de Raphaël et celui d'Annibal Carrache. 2° Le château Saint-Ange ou Môle d'Adrien, forteresse bâtie par cet empereur, et qui protége encore le Vatican du côté du Tibre. 3° Plusieurs débris des anciens grands thermes de Rome : les thermes d'Agrippa derrière le Panthéon, dont les ruines sont magnifiques ; les thermes de Titus, ceux de Caracalla.

4° Les amphithéâtres-cirques et théâtres, et d'abord le Colisée, nommé de ce nom, *Colosseum*, à cause de ses proportions gigantesques, immense amphithéâtre qui pouvait contenir plus de quatre-vingt mille spectateurs, et que les empereurs Vespasien et Titus firent élever par les mains de dix mille Juifs captifs, maintenant vaste et vénérable ruine où les chrétiens vont s'édifier au souvenir des milliers de martyrs qui ont versé leur sang sur cette arène païenne. Une grande croix et plusieurs autels y ont été érigés ; on s'y rend en procession ; la messe y est célébrée en l'honneur des martyrs. Il faut contempler le Colisée, par un beau soir, quand la lune répand ses grands reflets à travers les arcades détruites de l'amphithéâtre. Le Colisée avait été établi sur les ruines de la Maison dorée de Néron, qui comprenait bien une lieue de circonférence. Le lieu même du Colisée était un lac, et, selon l'expression de Suétone, comme une mer entourée d'édifices. Après le Colisée, on visite aussi les ruines du cirque de Caracalla, hors de Rome, parmi les vignes et les champs, ainsi que les débris du théâtre de Marcellus. 5° Aux cirques, joignez les arcs de triomphe ; d'abord celui de Septime-Sévère, qui était enterré jusqu'à la moitié de la porte principale, celui de Titus, un autre de Gallien, un autre dit de Janus, enfin l'arc de triomphe de Constantin. Poursuivons cette revue.

6° La Cloaca Maxima, immense ouvrage bâti par les rois de Rome pour servir d'égout public, avec des voûtes du meilleur travail, dont il reste plus de la moitié appliqué au même usage. La Cloaca Maxima est la plus ancienne merveille de Rome. La solidité de cet ouvrage tient du prodige ; il y a quinze siècles entiers que Pline s'en étonnait ; ni les constructions colossales qu'elle a supportées, ni le choc des eaux qui s'y précipitent des autres égouts ou qui refluent violemment du Tibre, ni les tremblements de terre, ni la chute des anciens édifices, rien n'a pu l'ébranler. Le fond est pavé de larges dalles parfaitement cimentées ; l'arc a douze pieds de largeur et autant de hauteur ; sa longueur totale était de deux mille cinq cents pieds. Une construction de genre analogue est la prison Mamertine, où mourut Jugurtha, et plus tard sanctifiée par le séjour de saint Pierre, qui y fut délivré par l'Ange. 7° La roche Tarpéienne, à laquelle se rattachent tant de souvenirs des plus vieux âges de Rome, et qui maintenant n'a plus que trente ou quarante pieds de hauteur, tant le sol moderne est exhaussé au-dessus de l'ancien ; si bien que la ville moderne recouvre en quelque sorte la ville des empereurs. 8° La colonne Trajane, sur le Forum de Trajan ; ses bas-reliefs en spirale se composent de deux mille cinq cents figures, d'un beau travail, en marbre. Sixte V a fait placer sur le sommet une statue en bronze de saint Pierre. 9° Enfin les mausolées d'Auguste, de Cécilia, Métella, et la pyramide de Cestius, beau monument funéraire près de la porte de Saint-Paul. Du même côté on retrouve la fontaine et la grotte où Numa allait, disait-on, consulter la nymphe Égérie. C'est par la porte Saint-Paul que l'on va à Frascati, l'ancienne Tusculum, que le séjour de Cicéron a immortalisée.

Le voyageur que nous avons cité plus haut, en se plaçant au sommet du Capitole, a embrassé d'un coup d'œil et groupé sous l'œil du lecteur dans un panorama fidèle la plupart des débris de Rome ancienne que la moderne contient encore dans son enceinte. Du haut de cette célèbre colline, les regards tournés vers l'orient, on voit se dérouler à ses pieds une vallée longue et étroite, resserrée à gauche par le Viminal, à droite par le Palatin, et terminée par le versant du Cœlius : c'est l'emplacement du Forum romain. Au pied de la montagne on a sur la gauche l'arc de triomphe de Septime-Sévère ; plus loin bordant la voie Sacrée, le temple de Faustine, les ruines du temple de la Paix, celles des temples de Vénus et de Rome, et dans le lointain le gigantesque Colisée ; à droite, les ruines des temples de Jupiter Tonnant et de la Concorde, la colonne de Phocas, la Græcostase, et la colline oblongue du Palatin avec ses ruines impériales. En face, à l'extrémité du Forum, se dresse au milieu de la voie Sacrée l'arc de Titus.

Après ce rapide relevé des monuments anciens, nous devons examiner et sommairement décrire les principaux édifices modernes, d'abord les églises.

L'église de Saint-Pierre est regardée comme le plus magnifique temple de la chrétienté. Le principal défaut que l'on trouve à cet édifice est d'offrir plutôt la façade d'un palais que celle d'une église et de manquer d'unité. La description de cette grande église est partout. En décrivant sa grandeur, ses magnificences, son peuple de statues, ses tableaux, ses mosaïques, ses magnifiques tombeaux, les saintes reliques qu'elle contient, nous dépasserions de beaucoup les limites de ce chapitre. Le Dôme de Saint-Pierre est, selon la promesse qu'avait faite Michel-Ange, le Dôme du Panthéon placé dans les airs à cent cinquante pieds de hauteur. Michel-Ange avait quatre-vingt-cinq ans quand il accomplit cette sublime entreprise. Le sommet de la croix est à quatre cent huit pieds du sol ; la boule de bronze qui couronne celle-ci peut contenir seize personnes assises.

On traverse le Tibre sur le pont Saint-Ange, dit M. l'abbé Gaume dans son intéressant voyage auquel il a donné pour titre les Trois Rome. Laissant à droite le Môle d'Adrien, on est au bout de quelques pas en vue de la plus grande merveille du monde moderne. La place qui précède Saint-Pierre de Rome est de forme ovale, environnée d'un superbe portique à quatre rangs de colonnes surmontées de statues en marbre blanc. Au milieu s'élève l'obélisque égyptien, entre deux fontaines dont les eaux s'élancent en gerbes argentées et retombent en cascades bruyantes dans des vasques de bronze. De là on arrive bientôt au pied d'une rampe douce qui conduit à la plate-forme, terminée par le portail de Saint-Pierre.

Que dire du temple immortel édifié par le génie chrétien à l'illustre chef de l'Église? Un tout parfaitement harmonieux, malgré ses proportions colossales, des dorures admirablement ménagées, des peintures exquises, les marbres les plus précieux, des mosaïques inimitables de richesse, de coloris, de dessin, voilà ce qui frappe, éblouit les regards de quelque côté qu'ils se portent.

La plupart des autres églises de Rome se font remarquer par leur ancienneté ou par leur architecture ou par leurs trésors. Elles sont au nombre de trois cent soixante. Voici les principales après Saint-Pierre :

San-Giovanni-in-Fonte, la plus ancienne de toutes, passe pour avoir été le baptistère de Constantin. — Sainte-Marie-Majeure ; — l'église des Jésuites, dont l'élégante façade est de Vignole ; — Sainte-Marie-des-Anges, bâtie sur les ruines des thermes de Dioclétien ; — l'église de Saint-Paul, hors des murs, est la plus ancienne basilique de Rome ; — celle Sainte-Croix de Jérusalem, fondée par sainte Hélène sur les restes du jardin d'Héliogabale ; — l'église de Saint-Théodore, qui s'élève sur l'emplacement de l'ancien temple de Romulus, à l'endroit où la tradition porte qu'il fut allaité par une louve ; — Saint-Étienne le Rond, considéré comme un temple ancien converti en église vers le

sixième siècle. — Il faut mentionner à part l'église de
Saint-Jean-de-Latran, si remarquable par elle-même
et par les admirables reliques qu'elle renferme, savoir :
le puits de la Samaritaine, la colonne du temple de Jérusalem qui fut fendue en deux à la mort du Sauveur,
la colonne où le coq chanta quand saint Pierre eut re-
nié son divin maître, et surtout le saint escalier en
marbre du prétoire, que l'on monte en pèlerinage et
à genoux.

Après les monuments religieux, voyons les édifices civils, et d'abord les palais. Comme l'église
de Saint-Pierre est la première des églises de Rome,
de même le Vatican est le palais par excellence de la
cité pontificale.

Le Vatican tient à l'église de Saint-Pierre à droite.
C'est une réunion d'édifices qui occupent une surface plus considérable que les Tuileries et le Louvre
réunis.

L'escalier qui conduit à la galerie des Antiques paraît avoir servi de modèle à celui du musée du Louvre.
La bibliothèque contient quatre-vingt mille volumes
et vingt-quatre mille manuscrits ; elle possède un Virgile avec des miniatures, qui date de la fin du quatrième siècle. Le musée du Vatican n'a pas cinquante
tableaux, mais des chefs-d'œuvre incomparables. Les
merveilles de la statuaire antique sont placées dans le
Belvédère.

Le palais Quirinal, sur la colline de ce nom, est la
résidence d'été du pape. On admire ses beaux jardins,
sa décoration antérieure, ses points de vue. Sous le

gouvernement impérial, il était la résidence fictive du roi de Rome. Il s'appelle aussi le palais de Montecavallo, à cause des deux chefs-d'œuvre antiques qui sont devant sa façade, deux beaux groupes en marbre représentant chacun un cheval de proportion colossale dompté par un jeune homme dont la taille est de dix-sept pieds. On voit une copie de ces groupes au musée des Plâtres à Paris. Les jardins du Quirinal sont d'une grande beauté.

Le Capitole, autrefois si renommé, est un assemblage de bâtiments, résidence des magistrats municipaux, et servant d'hôtel de ville. On y monte par un escalier, ouvrage de Michel-Ange, et bordé de deux balustrades, au bas desquelles deux lions de basalte jettent l'eau par la gueule, comme ceux du Château-d'Eau, à Paris. Divers objets de statuaire antique ornent les abords du Capitole. Au sommet des rampes deux groupes représentent Castor et Pollux, tenant chacun un cheval par la bride. Ils ne sont pas à comparer avec ceux de la place Montecavallo; les hommes sont trop grands et les chevaux trop petits. A côté, on voit les trophées de Marius, des statues des fils de Constantin et deux petites colonnes. Deux bornes militaires terminent la balustrade; celle de gauche était le point de départ de la voie Appienne. Au haut de l'escalier, sur une place à part, se trouve le palais du sénateur de Rome; à droite, celui des conservateurs; à gauche, un musée de peinture; les bâtiments sont de Michel-Ange, qui fit mettre au milieu de la place l'admirable statue équestre de Marc-Aurèle, la seule grande statue en bronze qui ait été trouvée à Rome. Au bas des rampes du perron par lequel on arrive au palais du sénateur, on voit les deux colonnes du Nil et du Tibre, et la statue mutilée de Minerve, dite Rome triomphante.

« Je monte bien souvent au Capitole, écrivait en 1755 l'auteur du *Voyage d'Anacharsis*; je ne saurais vous décrire l'impression que je ressentis la première fois que je vis tant de richesses rassemblées. Ce n'est plus un cabinet d'antiquités ; c'est le séjour des dieux de l'ancienne Rome, c'est le lycée des philosophes, c'est un sénat composé des rois de l'Orient, que vous dirai-je ? Un peuple de statues habite le Capitole ; c'est le grand livre des antiquaires. » Mais ce que disait l'abbé Barthélemy du Capitole, ne pourrait-on pas le dire de Rome tout entière ?

A Rome, on appelle *palais* ce que nous appellerions plus particulièrement *hôtels* à Paris. On les compterait au nombre de trois à quatre cents. C'est avec ces édifices que l'on peut se donner le plaisir d'étudier les chefs-d'œuvre que l'art des Michel-Ange, des Vignole, des Peruzzi, au temps de la Renaissance, a répandus sur le sol immortel de Rome moderne. Les plus renommés de ces palais sont le palais Ruspoli, dont on admire l'escalier de cent quinze marches de marbre blanc ; le palais Scierra, avec sa porte de marbre ; le palais Barberini, bâti par le Bernin ; le palais Massimi, dont les maîtres prétendent descendre des Fabius Maximus de l'ancienne Rome ; le palais Farnèse, œuvre de Vignole et de Michel-Ange, avec une galerie peinte par Augustin et Annibal Carrache ; enfin, le palais Borghèse, célèbre par ses portiques et par sa riche galerie de tableaux. Du reste, à Rome comme à Florence et dans les principales villes de l'Italie, partout, dans les palais, dans les églises, il faut contempler des tableaux, chefs-d'œuvre des hautes époques de l'art italien.

Les palais de Rome sont généralement dans un étrange état de pauvreté et de délabrement. Au temps de leur splendeur, ils étaient occupés par des familles puissantes, les Colonna, les d'Este, les Doria, les Corsini. Aujourd'hui, les propriétaires, réduits à des conditions peu fortunées, se tiennent dans une petite partie de leur palais et laissent le reste ouvert à la curiosité. L'entrée est publique, les abords sont mal tenus, les vitres brisées, les grands appartements non meublés et déserts.

A part des palais il y a des villas, maisons de campagne, aux portes de Rome, ou même dans les faubourgs. Trois d'entre elles jouissent d'une grande célébrité : la villa Borghèse, dont on admire les jardins, le lac, le temple, l'hippodrome et le riche musée ; la villa Albani, qui surpasse encore la précédente sous le dernier rapport ; la villa Aldobrandini, superbe demeure, mais presque abandonnée, jardins en amphithéâtre, cascades, vases, statues antiques, fresques du Dominiquin et enfin il ne faut pas oublier la villa Pia, charmante demeure étalant tout le luxe de l'architecture et des arabesques de la Renaissance. élevée dans le jardin même du Vatican par le pape

Pie IV. La plupart des villas sont placées, disions-nous, dans les faubourgs d'au delà du Tibre ; dans la région des Transtévérins, où se presse une nombreuse population, entassée dans de très-vilains quartiers, et qui participe assez peu aux splendeurs de la ville éternelle.

Nous avons cru bien faire de nous borner à cet exposé précis des principaux monuments de Rome. On a tant visité Rome, on a tant écrit sur cette ville ! Il n'y avait que l'embarras du choix. Dans le Portefeuille, nous avons procédé en multipliant les descriptions, les citations choisies. Ici notre marche a été plus di-dactique ; mais, en terminant ce chapitre, nous aimons à relever ce qu'il y a d'aride dans les détails par un ta-bleau de la campagne de Rome et de son vaste horizon, que nous empruntons encore à M. Gaume, un de ceux qui ont le mieux visité et le mieux représenté la capi-tale de la chrétienté.

« Supposons-nous sur le belvédère d'une villa située sur le versant du mont Esquilin, à la place présumée du jardin d'Héliogabale : ici nous avons sous les yeux la vaste plaine au centre de laquelle Rome est assise. Tournés vers l'Orient, nous avons en face le Monte-Cavi, où Romulus, entouré de peuplades aborigènes, inau-gura la religion du Latium. Puis, décrivant un cercle en commençant par la gauche, c'est Tusculum avec ses villas ruinées et ses souvenirs cicéroniens ; Tibur, avec ses cascatelles, adossée aux montagnes de la Sabine ; la cime élancée du mont Soracte, d'où le pape saint Syl-vestre fut ramené à Rome, non pour souffrir le martyre, comme il le croyait, mais pour assister au triomphe du christianisme et baptiser Constantin ; les campagnes solitaires de Civita-Vecchia, la Méditerranée, qui se dessine sur l'azur du ciel comme sur un réseau d'argent ; Ostie, qui ne vit plus que par son nom et par de touchants souvenirs chrétiens ; Albano, successeur d'Albe la Longue, fondation d'Énée et tombeau d'Ascagne ; enfin, sur la hauteur Castel-Gandolfo, avec son château séculaire, paisible demeure des souverains-pontifes, qu'on prendrait de loin pour un phare immense élevé sur un promontoire.

« Au-dessus de ce premier plan, qui bornait l'horizon, apparaissent, semés çà et là dans la plaine, quelques uns de ces grands monuments qui semblent survivre à toutes les révolutions pour attester de siècle en siècle la puissance du peuple-roi. A droite le tombeau de Cécilia-Metella, puis l'aqueduc de Claude, dont les arceaux gigantesques traversent toute la campagne romaine ; plus loin les ruines accumulées de l'étonnante villa d'Adrien, et le mausolée de la famille Plautia sur la route de Tivoli.

« Toute cette vaste place offre un aspect saisissant. Bien loin à l'entour de Rome, le bruit du monde a cessé ; plus de monuments, plus d'arbres, plus d'habitations, plus de champs cultivés : on est sur les frontières du désert. Devant le voyageur se déroule une plaine sans limites, où errent çà et là quelques pâtres qui suivent lentement, appuyés sur leurs longues houlettes, des troupeaux de chèvres et de brebis ; une terre remuée, accidentée, sur laquelle apparaissent de distance en distance, comme des ossements blanchis dans un vieux champ de bataille, des morceaux de marbre blanc, des débris de colonnes, des frises rompues, des tombeaux en ruines, partout l'image de la mort. En effet, cette plaine désolée, qui fut jadis le trône de l'ancienne Rome, est aujourd'hui sa tombe. »

Et le religieux écrivain, partant de ces graves et éloquentes réflexions, amène ses lecteurs à considérer la transformation de Rome païenne devenue chétienne, et comment la Providence divine a multiplié les beautés saintes et mystérieuses dans la capitale de la chrétienté, plus que les anciens Romains n'avaient accumulé de splendeur et de marques de leur puissance dans la ville maîtresse de l'univers.

CHAPITRE IX.

LONDRES.

Sa situation, ses quartiers, ses places, ses promenades, ses ports, la cité et les monuments; Westminster, son église, ses palais; les musées de Londres; aperçu historique sur cette capitale.

Londres, c'est notre voisine, notre rivale. Qui n'a pas vu Londres ou qui ne la verra pas? Qui, un beau matin, par la facilité qui nous transporte sur toutes lès grandes routes, ne partira pas de la gare du chemin de fer du Nord pour entrer solennellement dans Londres le lendemain? Comme bon nombre de nos jeunes lecteurs iront à Londres, et comme d'ailleurs, à chaque

instant on parle devant eux de la capitale de l'Angleterre, je m'attacherai à leur donner une vue préalable
de cette grande ville, de ses divers quartiers, de ses
monuments.

La capitale de l'empire britannique, située à vingt
lieues de l'embouchure de la Tamise, est une des plus
importantes cités de l'univers; elle est du moins la
plus peuplée de toutes les capitales européennes, et
compte environ 1,300,000 habitants. Irrégulière dans
sa forme, dans ses contours; elle s'étend des deux côtés parallèlement à la Tamise. On lui donne une circonférence d'environ onze lieues; il est vrai qu'elle
n'est pas close de murs, et que dans cet espace sont
compris de vastes faubourgs et même des villages qui
leur font suite. La principale partie de la ville est sur
la rive gauche du fleuve, divisée elle-même en deux
grandes régions, la Cité à l'est, Westminster à l'ouest.
La Cité et Westminster sont à peu près d'une égale
grandeur; il n'est pas facile de déterminer le confluent
entre ces deux régions, le point où finit la Cité et où
commence Westminster.

La Cité est le quartier central et le plus ancien de
Londres; elle est aussi le principal entrepôt du commerce. Les rues y sont étroites, irrégulières, et la population s'y trouve confusément entassée. Les maisons
sont construites en briques d'un brun grisâtre et noircies par la fumée; c'est là surtout que la ville de Londres
est chargée de brouillards que le soleil perce rarement,
à tel point qu'il est difficile de voir dans son ensemble
cette grande capitale, même des points les plus élevés,

et qu'il faut souvent de la lumière après midi pour éclairer de grands comptoirs dans l'intérieur de la Cité. Là se trouvent les chantiers, les vastes magasins, les immenses bassins construits pour recevoir les navires, et tous les trésors du commerce maritime.

Westminster est un quartier de tout autre nature. On l'appelle ainsi à cause de l'ancienne ville de Westminster, maintenant renfermée dans son enceinte. Ainsi que la Cité, Westminster appartient au comté de Middlessex. C'est dans cette région de la ville que sont les grands hôtels, les magasins splendides, les boutiques qui resplendissent, le soir, aux feux du gaz. Les rues y sont larges, spacieuses, alignées, pavées au macadam, garnies de beaux trottoirs, et tenues avec une extrême propreté. Les principales de ces rues sont les rues *Oxfort*, *Piccadily*, *Pall-Mall*, *Strand*, *Haymarket*, *Regent-Street*, et d'autres encore, renommées en Europe et rivales de nos rues Vivienne et Richelieu. *Regent-Street* est, par la longueur et la magnificence de ses constructions, sans égale en Europe. La plus étendue de toutes les rues de Londres, *Commercial-Road*, a 5,280 mètres de longueur. Pour apprécier ces mesures il faut savoir que les plus grandes rues de Paris ne dépassent pas 2,500 mètres. Quant aux maisons, elles sont en général d'un aspect uniforme ; la plupart ont trois étages, sont construites en briques et revêtues d'albâtre.

Le troisième grand quartier de Londres est Southwark, ou le bourg (*the Borough*), sur la rive méridionale du fleuve ; il appartient au comté de Surrey.

C'est surtout le quartier de la marine ; il contient un grand nombre de comptoirs, d'entrepôts, de fabriques et de manufactures. La ville tend à se propager de ce côté du fleuve, et beaucoup de villages ont été absorbés par là dans la ville de Londres.

Si Londres n'a pas ces boulevards qui sont une des splendeurs de Paris, elle renferme un grand nombre de places, de *squares* (ainsi appelés de leur forme carrée), dont le milieu est généralement occupé par un jardin entouré d'une grille. *Grovenor-Square* est une fort belle place, dont le centre est occupé par la statue équestre de Georges II ; elle est entourée de superbes habitations ; *Lincol's-Jnn* est plus vaste encore ; puis il y a les squares de *Portman*, de *Cavendish*, de *Leicester*, toutes belles places, dont plusieurs sont décorées de statues équestres. N'oublions pas la grande place appelée *Trafalgar-Square*, au centre de laquelle on a élevé récemment un monument à Nelson.

Les places peuvent être considérées comme des promenades ; mais Londres a aussi diverses promenades, dans le sens propre de ce mot, qui dépendent les unes des autres, et tiennent généralement à Westminster. Telles sont : 1° *Saint-James-Park ;* 2° *Green-Park*, séparé du parc Saint-James par une grille, et qui lui-même conduit au suivant ; 3° *Hyde-Park*, à l'extrémité ouest de Londres, parc qui contient bien quatre cents arpents. Non loin de la porte de *Hyde-Park*, qui donne sur le quartier de Piccadilly, vous remarquerez la statue colossale du duc de Wellington ; elle a été coulée avec les canons pris sur l'armée française. Vous passerez avec amertume en songeant au désastre de Waterloo, où les Anglais, pour vaincre, étaient unis avec l'Europe coalisée ; nous avons dit plus haut comment, après avoir vu de tels trophées, nous pouvions, à Paris, prendre notre revanche et nous relever. 4° Une autre promenade est *Constitution-Hill*, belle avenue, qui unit les trois parcs ; enfin il ne faut pas omettre *Regent-Park*, grand enclos qui compte bien quatre cent cinquante arpents ; là se trouve le *Colossæum*, bâtiment circulaire, avec une promenade couverte, assez fréquentée des habitants des quartiers voisins.

Mais les promenades les plus intéressantes à Londres, ce sont les ponts. Pour les quais, il n'y en a pas, et les maisons ont le pied dans le fleuve ; mais des ponts on voit le mouvement maritime, l'activité qui règne sur le fleuve, les bords variés de la Tamise, la forêt de mâts qui sillonnent les nues, et les vaisseaux qui entrent et qui stationnent dans le port. Puis, comme promenade exceptionnelle, les jours de fête, il y a *Vaux-Hall*, les Champs-Élysées de Londres, à deux milles au delà du pont de Westminster.

Il y a de beaux ponts sur la Tamise ; les principaux sont : New-Gate, le vieux pont de Londres ; neuf cent quinze pieds de long sur quarante-cinq pieds de large, avec dix-neuf arches. — Le pont de Strand ou de Waterloo, bâti en granit. — Le pont de Blackfriards. — Le pont de Westminster ; quinze arches, douze cent vingt-trois pieds de long sur quarante-quatre de large. — Le pont de Southwark, en fonte, porte une colonne de deux cents pieds de hauteur, pour perpétuer le souvenir de l'incendie de **1666** ; l'arche du milieu est d'une extraordinaire largeur. — Le pont de Vaux-Hall, ou du Prince-Régent. La chose la plus admirable, en matière de pont, est le *tunnel*, passage souterrain sous la Tamise, construit de nos jours par l'ingénieur français Brunel pour établir la communication en voiture et à pied entre les deux rives du fleuve.

Passons maintenant en revue les principaux édifices de Londres, en marquant, autant que possible, ceux qui appartiennent à la Cité, et ceux de Westminster. Ces deux grands quartiers, qui s'étendent à l'est et à l'ouest, sur la partie nord de la Tamise, sont entre eux dans une grande rivalité par la différence même de leur population, l'un étant le pays des affaires et du commerce, l'autre étant le séjour du luxe, de l'opulence, de la noblesse et des rois. Néanmoins la Cité possède de beaux et importants établissements publics. On y voit la Bourse, bâtiment carré, orné de portiques, incendié en **1838** et rebâti depuis ; la Banque, l'Hôtel de ville, l'hôtel du lord-maire (*Mansion-House*), péristyle grec avec colonnes en saillie et fronton triangulaire, assez semblable à la façade du palais du corps législatif à Paris ; l'hôtel des douanes, celui des mines, celui des Indes Orientales, Bedlam, fameux hospice des aliénés, et surtout l'église de Saint-Paul.

Cette belle église, bâtie par Christophe Wreen, sur le modèle de Saint-Pierre de Rome, a cinq cents pieds de long sur deux cent cinquante de large ; la coupole a trois cent quarante pieds de hauteur sur cent quarante-cinq pieds de diamètre. Le portique et le fronton sont d'un grand effet ; la façade est d'une élégante construction, les tours imposantes ; mais la masse des maisons qui se pressent contre elle empêchent de la considérer dans son développement. L'intérieur est très-orné ; on estime les peintures de la coupole. Ajoutons que l'architecte de Saint-Paul repose au centre de son édifice sous une simple pierre sur laquelle on a gravé ces mots : *Si requiris monumentum, circumspice.* Vous avez compris, jeune humaniste mon lecteur, le sens et la sublimité de cette simple inscription. — On compte à Londres plus de cent vingt églises. Saint-Étienne, aussi l'ouvrage de Wreen, partage l'admiration avec Saint-Paul.

Un monument bien digne d'étude, et bien célèbre dans l'histoire d'Angleterre, toujours dans la Cité, est la Tour, si connue sous le nom de Tour de Londres, et qui fut pendant les premiers siècles la demeure des rois. C'est un vaste château fort composé de plusieurs bâtiments ayant des destinations fort diverses. Dans la Tour-Blanche, contenant l'arsenal de la marine et un musée d'artillerie, on montre des objets fort curieux au point de vue des souvenirs historiques, par exemple la hache qui trancha la tête d'Anne de Bouleyn. Un trophée plus intéressant et plus glorieux, ce sont les débris de l'Armada, cette flotte de Philippe II, qui croyait marcher à la conquête de l'Angleterre, et qui fut détruite par la tempête en **1588** ; il y a aussi la salle des joyaux ou garde-meuble de la couronne, où l'on conserve les insignes vénérés de la royauté britannique. La Tour de Londres est entourée de fossés, et ses terrasses sont armées de canons, tonnerres généralement pacifiques, qui fonctionnent aux occasions solennelles, comme ceux de l'esplanade des Invalides, à Paris.

Passons maintenant à Westminster, et faisons la revue de ses grandeurs monumentales ; d'abord de ses palais.

Le palais de Saint-James est un ancien édifice, de construction irrégulière et sans aucune beauté d'architecture. A partir de **1695**, il fut la résidence des rois ; il est remplacé maintenant par le *King's-Palace*, dont l'architecture est plus belle.—Le palais de Westminster, où siége le parlement, et qui a été la proie des flammes en **1834**, est d'une reconstruction toute récente. — Wite-Hall, vaste bâtiment carré, ancienne résidence royale, offre beaucoup d'intérêt par ses souvenirs : Charles Ier eut la tête tranchée devant une des fenêtres de ce palais. — Sommerset-House est un grand et bel édifice, où se tiennent la société royale des sciences, celle des antiquaires, l'académie royale des beaux-arts.

La merveille de Westminster et de Londres entier, c'est l'église même de Westminster, appelée aussi église de Saint-Pierre. Tout ce qu'il y a de plus beau en matière d'architecture gothique, voûtes élancées, grandes ogives, dentelures de pierre, gerbes de colonnettes qui s'épanouissent aux voûtes, richesse incomparable des détails, tout se rencontre dans cette célèbre église, fondée en **1050** par Édouard le Confesseur. Les deux tours sont modernes et datent de **1735**. Westminster est à la fois le Saint-Denis et le Panthéon de l'Angleterre.

Dans plusieurs chapelles sont placés les tombeaux des princes et des rois, depuis le moyen âge ; on montre leurs monuments avec des curiosités historiques fort anciennes et du plus haut intérêt. Les autres chapelles sont consacrées à l'inhumation des hommes illustres qui ont pu honorer l'Angleterre, sans distinction de rang et de naissance. Ils sont divisés par catégories ; il y a le coin des généraux, celui des hommes d'État, ceux des savants, des orateurs, des poëtes. Les meilleurs statuaires anglais, Chantrey, Flaxmann, Westmacott, ont employé leur talent aux monuments de Westminster.

De l'ancienne abbaye il ne subsiste guère que le cloître, grand carré formé de quatre avenues recouvertes par des arcades ; il est pavé de pierres tumulaires couvrant les restes des moines de l'abbaye. A la sortie du cloître, en suivant un beau portique ogival, on trouve une vaste salle octogone bâtie en **1220**, mais bien dénaturée par le temps, et qui renferme les archives de la Couronne. Là se conserve le grand Cadastre d'Angleterre, dressé sous Guillaume le Conquérant, immédiatement après le partage des terres entre les barons. Ce sont deux gros volumes in-4°, bien entiers et fort lisibles encore, bien qu'écrits depuis bientôt huit siècles.

Enfin, c'est dans la région de Westminster que sont les trois principaux théâtres de Londres, Drury-Lane Covent-Garden, et l'Opéra italien. On y visite aussi les musées. Il y a trois musées à Londres ou auprès de Londres. D'abord le Muséum britannique, qui renferme, avec de riches collections d'histoire naturelle, une grande collection de médailles, une suite d'antiquités égyptiennes, assyriennes, grecques, romaines. un musée ethnographique, comme au Louvre, comprenant les armes et ustensiles des différents peuples du monde, principalement de l'Océanie; puis une bibliothèque contenant bien 300,000 volumes imprimés et 40,000 manuscrits. Après le Muséum britannique, il y a la Galerie Nationale, sur la place de Trafalgar, nouvelle et déjà riche collection de tableaux. A ces deux grands dépôts pour les arts, à Londres, il faut joindre la galerie du palais de Hampton-Court, à quelque distance de la capitale. Si Windsor, encore dans sa majesté féodale, est le Versailles de l'Angleterre, Hampton-Court en est le Saint-Germain ; mais la principale gloire de ce vieux château est dans sa galerie, qui renferme les plus beaux trésors, et surtout de célèbres cartons composés par Raphaël et destinés à être mis en tapisserie. Du reste les trésors de la peinture abondent dans la ville de Londres, bien moins dans les galeries publiques que chez les grands seigneurs, qui possèdent de magnifiques galeries, où chaque jour viennent s'enfouir les chefs-d'œuvre achetés dans les ventes de toute l'Europe, de Paris surtout, d'où où tant de richesses artistiques , journellement ravies, s'en vont illustrer les palais de nos riches voisins.

Dans aucune capitale ne se trouverait un aussi grand nombre d'établissements de science et de bienfaisance. On en jugera par ce relevé statistique que donne Malte-Brun : 16 écoles de médecine et autant d'écoles de droit, 18 bibliothèques publiques, toutes les spécialités imaginables en fait d'académies et de sociétés savantes. Il y a 147 hôpitaux, 39 dispensaires, où les pauvres reçoivent les médicaments et les consolations, 14 prisons tenues avec les conditions de salubrité que l'humanité recommande, et qui n'ont rien d'opposé aux justes sévérités de la loi. Achevons ce détail technique en rapportant que la ville de Londres est divisée en 26 quartiers (correspondant aux douze mairies de Paris), chacun sous la direction d'un alderman, choisi par les habitants. Un de ces magistrats est élu tous les ans, le jour de la Saint-Michel, pour remplir les fonctions de maire. Le greffier de la commune, le recorder, qui doit toujours être un homme de loi, est choisi par le lord-maire et les aldermen.

M. Viardot caractérise ainsi la ville de Londres sous des aspects opposés : « Le premier aspect de Londres est magnifique. Rien de beau, de noble, d'imposant, de grandiose, comme la vue de cette immense cité, la première du monde par l'étendue de son enceinte et le nombre de ses habitants, par la richesse et le luxe, par le travail et l'industrie, par le bon ordre et la sécurité. On regarde avec admiration ces grandes rues, ces rues infinies qui se prolongent en ligne droite tant que la vue peut s'étendre, ces chaussées à la Mac-Adam, sans pavés et sans bruit, ces larges trottoirs en dalles de granit, ces petites maisons exactement uniformes, dans lesquelles s'isole et s'enferme chaque famille. Mais si l'on passe à l'analyse de ce spectacle magique, si l'on détaille cet admirable ensemble, si l'on cherche enfin les édifices au milieu de ces lignes de maisons noires, enfumées, uniformes, et l'art au milieu du confort, alors quel désenchantement ! Ce n'est plus qu'un ramas confus, capricieux, désordonné, sans choix et sans goût, de tous les styles, de toutes les époques, de tous les pays. On verra, par exemple, un toit de pagode indienne sur un temple égyptien, ayant pour entrée un péristyle grec, pour ouvertures des ogives gothiques, pour ornement des colonnettes arabes et des cariatides de la renaissance ».

La fondation de Londres est antérieure à l'ère chrétienne ; du temps de Tacite elle était la principale place du commerce de la Grande-Bretagne. Au quatrième siècle, **800** bâtiments étaient employés dans son port rien que pour l'exportation du blé ; au sixième, sous l'heptarchie, elle fut la capitale du royaume d'Essex, des Saxons orientaux ; sous Alfred le Grand, elle devint la capitale de toute l'Angleterre. A la mort du roi normand Henri Ier, les habitants achetèrent le droit de choisir leurs magistrats. L'organisation municipale actuelle, sauf quelques modifications, remonte au roi Richard Cœur de lion. Édouard II conféra au maire le titre de *lord*, et réunit à la ville la rive méridionale de la Tamise.

Les rues sont éclairées par des lanternes en 1416. En 1615, les principales rues sont pavées en dalles. En 1666, un incendie, venu après une peste qui avait enlevé 10,000 personnes, dévore 30,000 maisons de Londres. Mais à la suite de cette double calamité , la ville est en grande partie reconstruite ; les belles et vastes rues de Westminster et les plus splendides quartiers de Londres paraissent alors. Depuis ce temps Londres n'a fait que s'accroître, au point de devenir sinon la première ville du monde, nous ne saurions y consentir, du moins la rivale de celle qui est, à meilleur droit, la capitale de la civilisation moderne.

LIVRE TROISIÈME.

PARIS, REINE DES CAPITALES.

CHAPITRE PREMIER.

PARIS AVANT LE SEIZIÈME SIÈCLE.

Vous introduire dans Paris, mes jeunes lecteurs, après cette promenade à travers les capitales, c'est vous ramener chez vous : comme après un voyage de long cours on rentre au port du Havre ou à celui de Marseille ; c'est, je le répète, vous ramener chez vous, car vous êtes de Paris ou au moment d'y venir. Mais souvenez-vous qu'en parcourant les cités étrangères, nous ne quittions pas entièrement la France. Combien de fois n'avons-nous pas aimé à rappeler notre pays, à proclamer sa prééminence sur d'autres nations ! Oui, nous le croyons, Paris est la reine des capitales ; et les détails dans lesquels nous allons entrer auraient pour objet de vous en donner la conviction, si vous ne l'aviez déjà ; il n'y a rien au-dessus de la France, rien au-dessus de l'immortelle cité qui est l'expression de toutes les forces vives de notre grand pays.

Mais, comme nous avons peu de pages à consacrer à cet important sujet, et que l'on a écrit tant de grands

et de petits livres sur Paris, nous tâcherons que ce que
nous allons dire soit un peu nouveau. Nous attachant à
l'ordre historique, insistant sur les anciennes époques
de notre histoire, nous marquerons les progrès que
notre capitale a faits de siècle en siècle, depuis son
berceau, depuis l'époque où elle n'était que la pauvre
Lutèce, jusqu'après le siècle de Louis XIV, laissant aux
guides et à d'autres ouvrages le soin de vous expliquer
dans tous ses détails le Paris contemporain.

I.

Lutèce, ville gauloise, devenue gallo-romaine et résidence impériale; le palais des Thermes.

Lorsque Jules-César porta ses armes dans la Gaule,
il trouva au centre de ce pays la nation des Parisiens,
petit peuple venu de Belgique, qui, après avoir fréquenté les bords de la Seine pour les intérêts du commerce, avait fini par s'y établir. Lutèce était leur
capitale, ville dont le nom celtique paraît signifier habitation dans les eaux, nom bien motivé par la position dans l'île qui est maintenant la Cité. Après la conquête de César, et quand son lieutenant Labienus
eut remporté dans les plaines d'Issy une victoire dé-
cisive, les Parisiens, qui dès le début avaient accueilli les aigles romaines, reçurent avec empresse-
ment les mœurs et la civilisation des Romains, noble
compensation du joug qu'ils allaient subir, de l'énergique liberté qu'ils avaient perdue.

Lutèce, alors ville gallo-romaine, vit promptement
s'accroître son importance. Au quatrième siècle elle

était devenue une résidence impériale ; Constance-
Chlore, comme on le croit généralement, avait fait
bâtir sur la rive gauche de la Seine un vaste palais.
L'empereur Julien y demeura six ans, de 355 à 361,
avec son épouse, Hélène, sœur de Constance. Il y avait
été proclamé empereur. On voit dans les lettres de ce
prince qu'il affectionnait beaucoup la ville où sa
grandeur avait été fondée ; il l'appelait sa chère Lutèce. Plusieurs successeurs de Julien, en particulier
Valentinien et Valens, habitèrent Lutèce et le palais
bâti par Constance.

Cette belle ruine, située rue de la Harpe, 69, est le
plus vénérable monument de Paris au point de vue de
l'ancienneté. Là est attaché le premier anneau de cette
longue histoire qui, des origines celtiques et gallo-ro-
maines, nous conduit au Paris contemporain, à la
grande capitale, foyer de la lumière et de la civilisation du monde moderne.

Les débris qui nous restent du palais des Césars,
autrement dit palais de Julien, ou autrement encore
palais des Thermes, sont très-remarquables en eux-
mêmes comme modèle de l'architecture au quatrième
siècle de notre ère. En entrant par la porte de la rue
de Cluny, on trouve d'abord la grande salle des thermes, dont l'aspect majestueux et les grandes proportions frappent d'étonnement à la première vue. C'est
une vaste salle, de vingt et un mètres de longueur sur
quatorze de largeur, avec une voûte solide et hardie,
à cintre et à arête, pouvant bien avoir douze mètres
de hauteur. Trois grandes arcades sont appuyées sur

le mur ; elles sont fermées, et sans doute dans l'origine elles servaient de communication avec les autres salles. On voit dans le mur, au milieu de la grande niche, des traces de tuyaux et d'issues servant à recevoir les eaux. Vis-à-vis du mur, à droite, se trouve une partie plus basse : c'était la piscine, où l'on prenait des bains d'eau froide, le *frigidarium*, si connu dans les thermes anciens.

En sortant de la grande salle, on entre dans une autre dont il ne reste plus que les parois intérieures, le long desquelles s'ouvrent des arcades qui devaient contenir des baignoires ; c'était la salle des bains chauds ; au milieu se trouvait le fourneau servant à chauffer les bains, dont il reste encore quelques vestiges. Entre ces deux salles une petite pièce s'élève au-dessus d'un caveau, et sa voûte sans arête ne se soutient que par la force du ciment. Là, à la suite d'un escalier moderne, se trouvent deux caveaux maçonnés et servant de canal pour le déversement des eaux. Plus loin, il y a de profonds souterrains qui s'étendent d'un côté vers la Seine, de l'autre vers l'hôtel de Cluny. Les murs sont en petit appareil en moellons régulièrement taillés, et alternant avec des rangées de briques, selon le mode le plus ordinaire des constructions de l'époque impériale. Les chaînes horizontales employées dans les édifices gallo-romains servaient d'ornement ; mais aussi on croyait qu'elles ajoutaient à la solidité, en maintenant la cohésion des pierres du revêtement.

Si la salle du palais des Thermes est un débris bien

précieux pour l'histoire, pour l'archéologie, elle ne suffit pas à donner l'idée de ce que pouvait être le palais auquel elle dut appartenir, et dont elle n'était qu'une dépendance, quand ce même palais était la résidence des empereúrs. On sait seulement qu'il était d'une très-vaste étendue ; une forte tour en marquait l'entrée du côté de la rivière ; la salle des thermes devait en former l'extrémité vers le midi ; une voie romaine, traversant l'île et un pont qui ne devait guère s'éloigner de ce qui est aujourd'hui le Petit-Pont, longeait le palais à peu près dans la ligne occupée maintenant par la rue Saint-Jacques. Cette voie était utile-.ment placée pour les messages de l'État et pour le service du palais impérial. Du reste, pendant l'époque gallo-romaine, plusieurs voies aboutissaient à Lutèce, des villes importantes de la Gaule centrale et de celles de l'ouest.

II.

Paris Mérovingien, étude faite d'après les chroniqueurs contemporains.

La ville de Lutèce paraît avoir reçu le nom de Paris sous Julien même, en devenant cité ou ville municipale. On trouve ce nom, *Pariseam civitatem*, dans un synode tenu en 361 ; toutefois on ne voit pas qu'elle ait pris beaucoup d'accroissement jusqu'à la conquête qui fit succéder dans la Gaule la domination des Francs à celle des Romains. Près d'un demi-siècle s'était écoulé depuis que Julien avait fait de la cité parisienne son séjour préféré, quand cette même ville de Paris commença ses nouvelles destinées, et devint la ville principale, la glorieuse cité des Francs.

C'était en 480, trente ans après les premiers établissements des compagnons de Pharamond dans les provinces orientales de la Gaule ; Childéric, un de ces chefs belliqueux, vint assiéger Paris sans pouvoir s'en rendre maître. Clovis, son fils, après avoir défait Syagrius dans les plaines de Soissons et renversé la puissance romaine dans les Gaules, étend sa domination sur la Seine avant de s'avancer vers la Loire contre le roi des Visigoths. Vainqueur et maître de la Gaule entière, Clovis s'établit à Paris en 508 ; il y meurt trois ans après. Childebert, un de ses quatre fils, règne à Paris jusqu'en 558. Clotaire succède à Childebert ; puis, nouveaux partages, nouveaux démembrements, funeste système qui fait la confusion de cette époque, et qui amena un peu plus tard la chute de la dynastie mérovingienne.

Durant toute la première race, la ville de Paris reçut des accroissements assez considérables plutôt en dehors qu'en dedans de la cité.

Des deux côtés de la Seine s'étendaient des bois, des marais, des plaines cultivées, entrecoupées d'habitations, de constructions plus ou moins vastes, et surtout d'églises. La plupart des églises encore existantes, et bien d'autres qui ont disparu, furent dans leur origine fondées sous l'époque mérovingienne ; mais beaucoup ont changé de nom, et toutes ont été renouvelées. Les deux plus célèbres de ces fondations d'églises par les rois sont celle de Saint-Germain des Prés et celle de Saint-

Germain l'Auxerois, placées l'une et l'autre par Childebert aux deux côtés opposés de la Seine et à quelque
distance de la Cité. L'église de Saint-Germain des Prés
était très-belle, et voici comment la décrit Grégoire de
Tours : « Les arceaux de chaque fenêtre étaient sup-
portés par des colonnes de marbre très-précieuses, des
peintures rehaussées d'or brillaient au plafond et sur
les murs. Les toits formés de lames de bronze dorées
produisaient, lorsque le soleil venait à les frapper, des
éclats de lumière qui éblouissaient les yeux. Ce n'était
pas sans raison qu'après tant de magnificence qu'on
nommait autrefois cet édifice le palais doré de Saint-
Germain. »

Une autre basilique dédiée à saint Pierre et à saint
Paul, et qui plus tard fut dédiée à sainte Geneviève, paraît avoir été fondée en 508 par Clovis. Un historien,
mentionnant la destruction de cette basilique par les
Danois en 857, s'exprime ainsi : « C'était une construction royale, décorée au dedans et au dehors de
mosaïques, et ornée de peintures. » Ces grandes constructions, auxquelles avait présidé un art encore
avancé, montrent assez l'importance qu'avait acquise
la ville de Paris sous les mérovingiens ; elles montrent
aussi que sa population était déjà grande, car toutes ces
églises étaient répandues dans un assez vaste rayon ;
et nécessairement des habitations, des bourgades s'é-
taient groupées à l'entour ; la banlieue de Paris devait
avoir une certaine étendue.

Quant à la physionomie de la ville proprement dite,
de la Cité, il est facile de se la représenter. A l'extré-

mité est de l'île avait été bâtie dès l'origine une basilique dédiée à Saint-Étienne et plus tard à Notre-Dame. Cette première fondation doit se rapporter à la fin du troisième siècle, quand Saint-Denis, en 245, eut porté la vraie foi dans les Gaules, et cueilli les palmes du martyre avec ses compagnons sur la colline de Montmartre. Il paraît que, dès ce même temps, on bâtit auprès de l'église un hospice, qui fut plus tard l'Hôtel-Dieu. A l'autre extrémité de l'île existaient une prison et une forteresse, sur l'emplacement actuel du palais de Justice. Deux ponts, aujourd'hui le Petit-Pont et le pont Notre-Dame, d'autres disent le pont Saint-Michel et le pont au Change, traversaient la Cité et conduisaient sur les deux rives à des voies romaines, à des abbayes et, comme je l'ai dit, au palais des Thermes, sur la rive gauche. Ces ponts étaient en bois, bordés de maisons, et fortifiés à leurs extrémités par des tours. Un récit de Grégoire de Tours nous introduit d'une manière très-vive dans l'intérieur de Paris au septième siècle ; ce détail d'histoire intéressera nos lecteurs.

« En l'an 583, un jour de dimanche, Chilpéric et son épouse Frédégonde entendaient la messe dans la cathédrale, quand le comte Leudaste, un de leurs fidèles, qui était accusé de plusieurs crimes, vint se prosterner et se rouler en leur présence, versant des larmes et implorant son pardon. Repoussé et chassé de l'église par les gardes, il arriva dans la place, et, sans s'inquiéter du sort qui le menaçait, il se mit à parcourir les maisons des marchands, s'informant de divers objets et les marchandant. Pendant qu'il s'occupait ainsi, les satellites de la reine, arrivant tout d'un coup, s'efforcent de le saisir. Alors il tire son épée, se défend contre ceux qui l'ont assailli; mais, forcé de céder au nombre, il fuit, et, tandis qu'il traverse le pont, son pied s'engage entre deux pièces de bois entr'ouvertes, il se brise une jambe, et tombe entre les mains des soldats de la reine ».

On reconnaît à ce récit la cité naissante, son aspect, ses monuments, sa disposition, l'Église-Cathédrale, la place publique, les magasins des négociants, le pont de bois mal ajusté; et il semble que l'on va s'élancer avec Leudaste, par delà la rivière, vers les bois qui couronnent le sanctuaire vénéré de Saint-Germain. Ainsi on peut se représenter l'aspect général de Paris durant la première race, dans ce temps où le sang des hommes était si peu épargné, où les guerres entre les rois pour le partage des successions sont terribles et les rivalités des reines implacables, où l'incohérence des lois barbares remplace la sagesse et l'impartialité des lois romaines, où la population vaincue est opprimée, où la tyrannie est partout, excepté dans les cloîtres, à l'ombre des reliques des saints.

Cependant, en lisant les chroniqueurs, et surtout Grégoire de Tours, ou seulement en lisant ces *Récits mérovingiens* dont **M.** Augustin Thierry a surpris le fond et la couleur dans les auteurs contemporains, il est permis de faire trève aux sombres tableaux de l'histoire politique. On fait revivre, avec la mémoire des temps évanouis, la figure impérieuse des premiers rois; puis, vers la fin de cette race abâtardie, on voit

14

à travers les rues tortueuses de la Cité passer le char
des rois fainéants, et l'on aime à se représenter les monuments qui ont disparu, remplacés par d'autres, sur
ce sol immuable d'une grande capitale, où tout passe
et se renouvelle.

III.

**Accroissements de Paris sous la seconde et la troisième race,
jusqu'à saint Louis.**

Quand la première dynastie est sur son déclin, et que
les rois fainéants s'abandonnent aux mains qui dai-
gnent les asservir et déchirer l'État, un maire d'Aus-
trasie, un grand homme, Charles Martel, sauve la
France et taille en pièces les Sarrasins dans les plaines
de Tours. Le fils de ce héros, Pépin le Bref, renverse
la race avilie de ses maîtres, et fonde une dynastie
nouvelle, à laquelle son fils, autrement illustre que
lui, devait donner son nom.

Maître de la France entière en **772**, empereur en
800, Charlemagne est demeuré la plus imposante
figure des temps modernes. Sans parler ici de ses victoires, il lui fut donné de dissiper les épaisses ténèbres
qui couvraient la Gaule durant la période qui venait
de s'écouler. C'est surtout dans le domaine des arts
que le fils de Pépin jeta un rayon de lumière trop prom-
tement éteint quand le grand homme eut disparu. Dans
ce moment de rapide renaissance, par l'impulsion
communiquée par Charlemagne, tous les arts tentèrent
de se réformer, sous l'influence du génie antique dont

les dernières lueurs existaient encore en Italie, et qui avait encore laissé quelques traces dans l'empire byzantin ; mais ce ne fut qu'un éclair rapide, traversant la nuit durant cette partie reculée du moyen âge.

En effet, quand Charlemagne fut mort, en 814, à Aix-la-Chapelle, où il avait fixé son séjour pour affermir ses conquêtes et gouverner plus sûrement son vaste empire, et plus tard sous la main inhabile de Louis le Pieux, parmi les guerres suscitées par l'ambition des fils de ce roi, jusqu'à la bataille de Fontenay et au célèbre traité qui la suivit, tout retomba dans la nuit profonde que le génie d'un grand homme avait un instant dissipée. Pendant un demi-siècle, les Normands, ce dernier et formidable rameau des invasions germaniques, ne cessèrent de désoler la France, ravageant les terres, détruisant les saintes églises et les riches monastères. Paris surtout fut le centre vers lequel se portaient leurs déprédations. Un poëte du temps, Abbon, a décrit dans un long poëme le mémorable siége de Paris, signalé surtout par la vaillance d'Eudes, généreux chef qui obtint le trône pour prix de son dévouement. Ce héros chassa les Normands, délivra la Cité et affranchit le pays de leur tyrannie, jusqu'au moment où Charles le Simple les investit de la province de Neustrie, qu'ils auraient pu ravir.

Les rois de la seconde race n'habitèrent point Paris. Les premiers de ces princes étaient empereurs ; ils séjournaient beaucoup en Italie et en Allemagne ; plus tard ils furent occupés aux guerres normandes. Aussi ne voit-on pas qu'ils se soient beaucoup intéressés à cette capitale. Néanmoins des églises furent bâties au dedans et au dehors de la Cité ; à l'époque du siége , des tours furent placées à l'extrémité des deux ponts, et des fortifications s'élevèrent dans la plaine des deux côtés de l'eau. Mais, au fond , le Paris carlovingien était toujours la vieille Cité, l'île close de murs, ville de bois, sans beauté, sans grandeur, n'ayant à offrir, dans son enceinte fortifiée, que sa cathédrale, ses prisons, et, sur ses deux rives , les églises éparses et le palais des Césars encore debout.

La seconde race achève de vivre comme avait fait la première , dans l'asservissement à une famille plus forte qu'elle et destinée à recueillir avant le temps son héritage. La maison d'Eudes, après avoir donné deux rois à la France , s'établit définitivement sur le trône carlovingien. Hugues Capet, élu roi en 987, marque l'avénement de la féodalité sur le trône. Louis le Gros attache son nom au plus grand événement du moyen âge , à l'affranchissement des commumes, premier et glorieux signal de la liberté politique en France. Quels furent les accroissements de la ville de Paris durant ces premiers règnes de la dynastie des Capétiens? Le chef de la nouvelle dynastie, en sa qualité de comte de Paris, avait nécessairement sa résidence dans cette même ville que les rois de la seconde race avaient trop longtemps délaissée. Il habitait le palais fortifié qui depuis longtemps déjà existait vers la pointe occidentale de l'île, sur l'emplacement du palais de Justice actuel. Le palais des Thermes, séjour des premiers rois, n'était pas détruit encore ; mais, ayant tant souffert des invasions normandes et de l'abandon des rois, il était devenu peu habitable, et n'existait guère plus qu'à l'état d'une vaste ruine.

Sous Louis le Gros on voit fleurir des écoles dans Paris. Abailard attire dans la sienne une multitude d'auditeurs. Paris avait dû beaucoup grandir en importance et en population ; il avait singulièrement dépassé les limites de l'île ; et Louis le Gros, regardant comme partie réelle de la ville les faubourgs qui se prolongeaient des deux côtés du fleuve, avait formé le projet de les environner d'un mur d'enceinte.

Quel monument de cette époque pourrons-nous étudier, existant encore aujourd'hui dans Paris ? Il n'y a rien de l'époque carlovingienne ; et pour ce qui regarde les premiers règnes de la troisième race, les nombreuses églises de cette époque ont presque toutes disparu à des temps plus ou moins reculés ; nous n'avons guère qu'une seule église, celle de Saint-Germain des Prés. Quoique ce monument ait été bien dénaturé par les adjonctions et les ornements de tout style qu'il a reçus, il appartient par son fond à la première époque capétienne.

Mais ici nous trouvons l'architecture profondément modifiée : de païenne elle est devenue chrétienne ; de romaine que nous l'avons trouvée dans la construction de la salle des Thermes, elle est devenue ce qu'on a appelé romane ou byzantine. Nous ne pouvons pas développer ces caractères. Nous dirons seulement que le principe général de l'architecture romane consiste en cela que les fenêtres, les portes, les voûtes affectent la forme cintrée, selon le système de l'ancienne architecture des Romains. Ce genre d'architecture se montre dans beaucoup d'églises appartenant le plus généralement au onzième siècle. A Paris, comme nous le disions, on n'en trouve guère de traces que dans l'église de Saint-Germain des Prés, dont nous allons dire quelques mots, en commençant par là notre revue des églises du moyen âge.

IV.

Monuments du moyen âge, romans ou gothiques; Saint-Germain des Prés; Notre-Dame; la Sainte-Chapelle.

1° Une église avait été bâtie par Childebert dans les vastes prairies arrosées par la Seine, sur sa rive gauche; dédiée à saint Vincent par saint Germain, alors évêque de Paris, elle fut un peu plus tard dédiée à saint Germain lui-même, quand, le saint pontife étant mort, la dévotion du peuple fut excitée par les miracles qui s'opéraient sur son tombeau. Un puissant monastère s'éleva autour de l'église, où les reliques du saint furent placées avec beaucoup d'honneur, sous le règne de Pépin. Ravagée et presque détruite entièrement par les Normands, l'église de Saint-Germain fut rebâtie en 990, sous le règne de Henri Ier. Elle paraît avoir été terminée en 1014. Cette église, ainsi fondée au commencement du onzième siècle, était dans le système de l'architecture romane. Elle fut refaite après le douzième siècle, ou du moins on reconstruisit toute sa partie supérieure, pour lui donner le caractère ogival. Vous savez sans doute ce qu'il faut entendre par ce nom. On appelle ogive l'arc brisé substitué à l'arc cintré dans toutes les croisées et dans toutes les voûtes. Beaucoup de circonstances accessoires se joignent à ce principe général de l'art nouveau qui prévalut au douzième siècle. Cette architecture fut admirable ; les monuments qu'elle a laissés surprennent par leur élévation, leur grandeur, leur majesté, leur sombre et mystérieuse profondeur. Or, le chœur et la partie haute de l'église de Saint-Germain des Prés sont dans ce style ; la plupart des piliers et la partie basse de la nef sont de l'époque romane. En ce moment on poursuit dans le chœur et dans la nef un système de peintures murales tout à fait conforme à ce qui dut exister dans les premiers âges. C'est du moins là une réparation ; car, depuis deux siècles, on a fait dans cette vénérable basilique des restaurations bien incohérentes dans le sens des ordres grecs.

L'abbaye de Saint-Germain des Prés, si florissante tout le temps de la monarchie, a disparu avec elle. Il en reste encore un grand bâtiment servant d'habitation, dans la rue de ce nom, ainsi que la prison militaire, qui fut témoin d'horribles forfaits à une époque funeste. N'oublions pas de faire observer que les antiquaires regardent aussi généralement comme appartenant à la construction mérovingienne la tour carrée qui s'élève au-dessus du portail.

2° *Notre-Dame.* — La cathédrale de Paris fut fondée vers l'année 1030, sous le règne de Robert. Jean de Chelles en a été le principal architecte. Le chœur fut achevé en **1187**, le grand portail occidental en **1223**, sous Philippe-Auguste ; la partie sud date du règne de Saint-Louis, en **1257**. Quant à la partie du nord et au beau portail qui en fait l'entrée, c'est une œuvre de la fin du treizième siècle. On le voit terminé sous Philippe le Bel, en **1312**.

Cette célèbre église est un des plus beaux monuments dont se glorifie l'art du moyen âge ; elle a cinq nefs, c'est-à-dire qu'elle a un double rang de bas côtés. Sa longueur est de cent trente mètres sur quarante de largeur et trente-quatre de hauteur, depuis le sol jusqu'à la voûte. Les deux tours carrées du portail sont à soixante-huit mètres d'élévation. Il y règne un grand nombre de piliers avec des colonnes engagées qui montent du pied à la voûte. Une large galerie, que les antiquaires appellent triforium, élégamment ornée de colonnettes, règne à l'entour. L'ordonnance du portail est l'une des plus belles, des plus riches qui se puissent rencontrer. Il se compose de trois portes, dont la principale, placée sous de profondes voussures ogivales, offre tout le luxe de l'ornementation gothique, les niches dentelées, les consoles, les accidents les plus variés ; et partout, sous le portail, une multitude de figures sculptées, telles que le moyen âge les savait faire, belles à force de sainteté, en attendant la beauté régulière de l'art statuaire, qui ne fait que sortir de ses langes au treizième siècle. Au-dessus de la grande rose aux nervures délicatement travaillées, s'étend un péristyle formé de colonnes minces et légères, supportant une galerie à balustrade sur laquelle reposent les deux tours avec leurs longues ogives lancéolées, et

couronnées l'une et l'autre par deux plates-formes d'é-
gale dimension. Les portiques du nord et du midi sont
également dignes d'être remarqués, surtout le portique du nord avec son zodiaque sculpté, où l'on voit
en grande proportion la Vierge parmi les onze autres
signes plus petits, auxquels elle donne ses lois comme
souveraine de la nature et reine du ciel.

Ce grand monument de l'art d'un autre âge a subi
des outrages, des restaurations sans goût et sans accord. Au commencement du dix-huitième siècle, le
chœur fut arrangé à la moderne ; on convertit les ogives du rond-point en arcades à plein cintre ; sous
l'Empire on prodigua les marbres dans le chœur, et
on l'entoura d'une fort belle grille en fer. Depuis un
certain nombre d'années, les restaurations se font avec
plus d'intelligence. Récemment on a restauré la façade
extérieure de Notre-Dame avec une grande habileté,
d'une manière parfaitement conforme à son origine.
On s'apprête à rétablir les statues des rois de France,
depuis Childebert jusqu'à Philippe-Auguste, qui occupaient les trente-sept niches établies sur la grande
façade, sous la rosace. On a construit une sacristie
dans le goût de l'architecture gothique. Mais qui don-
nera l'argent nécessaire à la cathédrale pour rétablir
aussi ses antiques vitraux, pour lui ôter cette clarté,
si insupportable à ceux qui sentent l'art chrétien, et
comprennent combien la mystérieuse obscurité des
verrières est essentielle au recueillement de la prière ?

3° *La Sainte-Chapelle.* — On regarde avec juste raison la Sainte-Chapelle de Paris, auprès du palais de Jus-

tice, comme un des plus beaux monuments du moyen
âge en France. Elle a été érigée par Pierre de Monte-
reau, vers le milieu du treizième siècle. Saint Louis,
à la plus grande époque de sa gloire, et parmi les
grandes choses que lui inspira sa piété royale, avait
ordonné cette construction pour y placer les reliques
augustes qui font encore la gloire de l'église de Paris.
Il y avait prodigué tout le luxe du temps, la sculpture, la peinture, l'or et l'émail. Le monument en
lui-même est très-beau. On n'y voit qu'une seule nef ;
la hardiesse de la voûte, la belle courbure du chœur, la
force des piliers, l'épanouissement des colonnettes qui
montent en faisceau, tous ces détails sont du plus beau
caractère. Les ogives des fenêtres ne sont pas aussi
lancéolées que celles de la cathédrale ; elles sont plus
larges, plus dilatées, occupent presque la totalité du
mur. En dehors, au-dessus de la croisée, un mur d'appui parcourt élégamment toute l'étendue de l'édifice.
Le clocher, qui se faisait remarquer par sa hardiesse
et les détails de sa construction, a été détruit. — On
achève maintenant, dans la Sainte-Chapelle, un système admirable et complet de peinture murale, entièrement selon le goût du siècle dans lequel l'édifice
a été construit.

V.

Ce qui reste des quatorzième et quinzième siècles; Saint-Severin, Saint-Gervais, Saint-Germain l'Auxerrois, Saint-Merry; l'hôtel de Cluny.

Il y a peu de chose à Paris qui date du quatorzième siècle. Des débris tout à fait insignifiants qui disparaissent tous les jours sous la loi d'alignement de rues et sous les percements qui renouvellent la capitale, débris qui ne peuvent intéresser que l'antiquaire de profession. La plupart des églises fondées à cette époque ont été détruites par les révolutions et par le temps. Les autres ont été tellement dénaturées par les reconstructions, qu'elles appartiennent réellement à des âges fort récents. Une seule église, celle de Saint-Severin, entre la rue de la Harpe et la rue Saint-Jacques, auprès du pont Saint-Michel, est un produit très-digne d'intérêt et parfaitement conservé de l'art gothique au quatorzième siècle. Cette église est bâtie avec beaucoup de proportion. Les lignes architecturales sont belles, les ornements gothiques que l'on y voit répandus ont la légèreté et la délicatesse qui appartenaient à cette époque, où le style ogival était parvenu au point le plus élevé de sa perfection.

Au quinzième siècle, le caractère de l'art se modifie. L'architecture ogivale dure encore, mais elle tend à faire place aux formes carrées et cintrées; les grandes découvertes qui signalent la seconde moitié de ce siècle préparent la renaissance du goût antique dans les lettres et les arts qui doit éclater au siècle suivant. Le quinzième siècle est un âge de transition entre l'art du moyen âge, qui achève son temps, et celui de la renaissance, qui va ramener les procédés de l'antiquité dans les arts de l'intelligence. De ce siècle de transition à Paris, il y a d'abord trois églises.

1° Saint-Gervais (derrière l'Hôtel de ville). La dernière construction de cette église est de 1420, sous Charles VII ; son architecture, généralement gothique, atteste, par l'extrême délicatesse de ses détails et même par ses raffinements, comme le dernier terme et l'épuisement de l'art gothique. Dans la construction de l'abside ou chapelle de la Vierge, au rond-point de l'église, et dans les clefs pendantes de la voûte, qui est très-élevée, on remarque des ornements variés, des nervures où se déploie le caprice d'un art qui tend à changer de caractère. Le portail de cette église appartient au dix-septième siècle.

2° L'église de Saint-Germain l'Auxerrois, devant le Louvre, a été fondée en 1423, sous la domination anglaise, et terminée vers la fin du même siècle. La plus ancienne partie de l'église est le grand portail ; il est d'un beau caractère gothique, avec des statues en pied très-remarquables. Le vestibule ou portique qui précède le grand portail ne fut construit que sous Charles VII. Cette partie de l'église n'a pas été terminée ; les parties supérieures et pyramidales manquent entièrement. Le chœur a été complétement dénaturé au dix-huitième siècle. Les piliers gothiques reçurent une forme moderne ; on détruisit le jubé ; on fit la guerre aux ogives , aux croisées gothiques, et on sema les ornements les plus disparates dans tout l'édifice. De nos jours on a vengé la vieille basilique des rois ; on l'a ornée de peintures murales à l'intérieur et à l'extérieur, appropriées à l'époque qu'elles représentent, et toute l'église est décorée de très-beaux vitraux.

3° Une autre église du quinzième siècle, Saint-Merry, dans la rue Saint-Martin, se compose de cinq nefs parallèles ; les piliers qui soutiennent les voûtes n'ont pas de chapiteaux. Le portail est orné de sculptures d'un bon style, et qui représentent très-bien l'état de la statuaire vers la fin du quinzième siècle. Dans le même quartier, la tour de Saint-Jacques de la Boucherie est un beau débris d'une église qui n'existe plus. Cette grande tour se trouve maintenant isolée dans la vaste prolongation de la rue de Rivoli, que nous voyons s'effectuer en ce moment.

Un monument d'architecture civile, l'hôtel de Cluny présente l'art du quinzième siècle dans son plus beau type et dans une entière conservation.

L'emplacement occupé maintenant par l'hôtel de Cluny, rue des Mathurins, a dû faire partie du palais des Thermes à une époque très-ancienne. Jacques d'Amboise, abbé de Cluny et évêque de Clermont, le rebâtit en 1490. L'ogive y domine encore, mais l'ogive, à sa dernière époque, se rapprochant de la forme carrée dans les fenêtres, malgré le sommet pyramidal qui les termine. Ces fenêtres, placées sur l'édifice, se font remarquer par leurs riches dentelures et l'extrême délicatesse de leurs ornements. L'art gothique épuisé a retrouvé ici, avant de disparaître, les plus élégantes inventions de son meilleur âge ; mais, vues dans l'ensemble, ces hautes fenêtres, placées sur un toit d'un seul étage, ne sont pas en proportion avec la hauteur de l'édifice et produisent un effet disgracieux. On admire surtout la chapelle gothique, au premier étage sur le jardin.

L'hôtel de Cluny même, depuis que ce nom lui est resté, a eu des phases bien diverses. Habité par la veuve de Louis XII, sœur de Henri VIII, roi d'Angleterre, il fut plus tard, en 1565, la résidence du cardinal Charles de Lorraine, qui vint s'y réfugier après avoir échoué dans sa révolte contre Henri III. Plus tard, et après d'autres vicissitudes, les abbés de Cluny ont recouvré la possession de leur manoir, qu'ils ont maintenue jusqu'en 1789. Maintenant l'hôtel de Cluny appartient à l'État ; il est réuni aux Thermes, et renferme, avec cet édifice gallo-romain, un musée de nos antiquités nationales.

CHAPITRE II.

PARIS AU SEIZIÈME SIÈCLE.

I.

Grands monuments ; églises et palais : Saint-Eustache, Saint-Etienne du Mont, le Louvre, les Tuileries.

« En peu d'années, dit M. Batissier, dans son excellent cours d'archéologie, vers les commencements du seizième siècle, tout le système d'architecture religieuse, tours, arcades, ogives, feuilles et chardons, galeries à jour, dentelles de pierre, flèches pyramidales, moulures filant jusqu'aux voûtes, fenêtres aux nervures flamboyantes, tout fut oublié ; le plein ceintre remplace l'ogive, les fenêtres carrées et les lignes droites des ordres antiques reprennent un empire absolu ». Tel est le caractère de l'art de la renaissance, substitué à celui du moyen âge, au genre gothique. Chaque époque a sa vertu, chaque art a ses beautés ; nous allons considérer le genre de l'art au seizième siècle dans les célèbres monuments dont il illustra Paris. Il y a deux églises.

1° *Saint-Eustache.* — Cette église, commencée en 1532, a cinq nefs et des voûtes très-élevées ; les arches sont cintrées, ainsi que les voûtes, excepté dans l'abside, où la forme est encore restée ogivale. Il n'est guère possible de soumettre à la rigueur de l'art la forme des piliers mêlés de colonnes, œuvres capricieuses qui ont remplacé les piliers et les colonnettes de l'âge précédent. Ce n'est plus la puissante originalité de l'art gothique, ce n'est pas la régularité imposante des ordres antiques. Le portail de Saint-Eustache est un ouvrage du dix-septième siècle.

2° — *Saint-Étienne du Mont,* sur la montagne de Sainte-Geneviève, fut commencé dans les premières années du règne de François Ier. La reine Marguerite de Valois posa la première pierre du portail, en 1610. La voûte, fort élevée, est soutenue par des piliers sans chapiteau, lesquels piliers sont séparés par une étroite galerie à moitié de leur hauteur. Ces galeries, qui règnent autour du chœur, sont des modèles de délicatesse et de goût; mais le laisser-aller de la première renaissance se montre dans l'ensemble de l'édifice. On admire avec juste raison le jubé, ouvrage de 1600. Il est formé des nervures de la voûte, qui redescendent, s'unissent, et présentent une masse suspendue et sans appui, par un vrai tour de force en architecture. Deux escaliers à jour conduisent à la tribune. On appelait du nom de jubé dans les églises cette espèce de tribune, maintenant bien rare, que nous trouvons à Saint-Étienne, et du haut de laquelle on avait coutume de chanter l'évangile.

La Renaissance a excellé surtout dans les monuments de l'architecture royale; elle a élevé dans Paris deux grands palais que nous allons maintenant décrire avec quelque soin.

1. *Le Louvre.* — L'emplacement sur lequel le Louvre est élevé était, sous le roi Dagobert, un rendez-vous de chasse entouré d'une forêt. Philippe-Auguste en fit une forteresse et l'un des postes avancés de sa royauté féodale. Il fut compris dans l'enceinte de Paris en 1380. Charles V y ajouta des bâtiments considérables; plus tard, en 1431, Charles VII vint s'y établir, abandonnant d'une manière définitive le palais de la Cité. François Ier, vers 1540, fit abattre l'ancien château, et chargea son architecte, Pierre Lescot, de construire le palais qui existe aujourd'hui. Comme le Louvre a été repris à diverses époques, et qu'il est l'œuvre de plusieurs rois, nous remarquerons les diverses phases de cette construction, d'a-

bord au seizième siècle. La partie élevée sous François Ier et son successeur Henri II est celle qui fait l'angle de la cour, à partir exclusivement du Pavillon qui occupe le milieu de l'aile méridionale (bord de l'eau) jusqu'au gros pavillon, exclusivement aussi, surmonté d'un dôme, qui est opposé à l'aile de la colonnade. Cette partie, appelée le Vieux-Louvre, est la seule qui ait été entièrement achevée du côté de la cour sur les dessins de Pierre Lescot. La façade offre un ordre corinthien surmonté de deux composites, dont un est en attique. On a reproché à l'artiste d'avoir trop prodigué le luxe des ornements ; l'attique a paru surchargé de bas-reliefs ; la quantité et la proportion de ces précieux détails n'ont pas semblé en juste accord avec les étages inférieurs : vaines critiques qui tombent devant la majesté de l'ensemble, devant la perfection avec laquelle chaque partie est exécutée. Jean Goujon, grand statuaire sous Henri II, a décoré de beaux bas-reliefs la façade du Vieux Louvre.

Pendant les règnes agités qui se succédèrent après Henri II, il se fit peu d'augmentations dans les constructions du Louvre, bien que les monarques aient généralement habité ce palais. La mort tragique de Henri II ayant rendu le château des Tournelles insupportable à la reine Catherine de Médicis, elle vint habiter le Louvre avec son fils, le roi Charles IX. A cette époque, vers la fin du siècle, on a continué de rapporter les travaux suivants : 1° Le corps de bâtiment qui est entre le vieux Louvre et la galerie des tableaux qui va aux Tuileries ; c'est proprement le palais de Catherine, qui en fit sa principale résidence. l'entrée de ce palais est maintenant celle du musée ; 2° le commencement de la galerie aujourd'hui consacrée aux tableaux. Cette partie de la grande galerie, exécutée sur les dessins d'André du Cerceau, s'étend jusqu'à l'avant-corps du milieu surmonté d'un campanile. Voilà, dans le Louvre, ce qui appartient au seizième siècle.

2. *Les Tuileries.* — Par de là les fossés de l'ancien Louvre, il existait, vers la fin du quinzième siècle, une tuilerie, qui fut achetée par François Ier. Ce monarque fit don de cet emplacement à sa mère Louise de Savoie, qui habitait auparavant le palais des Tournelles aux Marais. Plus tard le château élevé à la place de la tuilerie revint à Catherine de Médicis, qui en fit sa résidence vers 1564. Alors cette reine fit construire le palais qui existe, sous la direction de Jean Bullant et de Philibert Delorme. On fit alors le gros pavillon du milieu, les deux corps de logis qui sont de chaque côté. Nous dirons au chapitre suivant comment l'un et l'autre palais furent continués au dix-septième siècle : mais vous serez curieux de savoir le motif fort singulier pour lequel Catherine de Médicis n'acheva pas le palais des Tuileries, dont elle avait ordonné la partie centrale.

Un astrologue avait prédit à cette princesse qu'elle mourrait auprès de Saint-Germain. « Aussitôt, dit Sainte-Foix, dans ses *Essais sur Paris,* on la vit fuir avec soin tous les lieux et toutes les églises qui portaient ce nom ; elle n'alla plus à Saint-Germain en

Laye, et même, parce que son palais des Tuileries se trouvait sur la paroisse de Saint-Germain l'Auxerrois, elle en fit bâtir un autre, l'hôtel de Soissons, près de Saint-Eustache. Les gens prévenus des chimères de l'astrologie prétendirent que la prédiction avait été accomplie, lorsqu'on apprit que c'était Laurent de Saint-Germain, évêque de Nazareth, qui l'avait assistée à la mort. » Ainsi, cette conscience troublée avait abandonné à d'autres rois le soin d'achever les Tuileries. Saisi de craintes superstitieuses, elle fit cesser tout à coup les travaux, qui furent repris au siècle suivant.

II.

Hôtel de ville et autres hôtels à Paris datant du seizième siècle ; aperçu historique sur l'architecture des maisons aux diverses époques de la monarchie.

L'Hôtel de ville de Paris, sur la place de Grève, est de la même époque. A propos de l'Hôtel-de-Ville, un mot sur ses origines historiques intéressera nos lecteurs. Sous les Romains, la ville de Lutèce eut aussi, comme d'autres villes tributaires, ses magistrats municipaux, connus sous le nom de défenseurs de la cité. Sous les rois mérovingiens il y eut des échevins, des nautes ou commerçants par eau, chefs des marchands. Au treizième siècle, ces marchands obtiennent des rois la concession des marchés de la Grève ; leur chef a le nom de prévost des marchands, et ils tiennent leurs séances dans la maison de la marchandise, située sur la vallée de Misère, aujourd'hui quai de la Mégisserie. Plus tard ils s'établirent non loin de là, au lieu qui fut appelé Parloir aux Bourgeois, dans le voisinage du grand Châtelet. Enfin les magistrats municipaux se réunirent dans la maison aux Piliers, sur la Grève. Lorsque, après la révolte des bourgeois sous Charles V, le roi Charles VI eût rendu à la prévôté ses priviléges, dont elle se trouvait déchue, la municipalité se reconstitua sur des bases plus larges ; la maison aux Piliers devint l'hôtel de ville ; mais l'édifice actuel fut élevé plus tard en **1532**. Sa façade offre l'aspect d'un grand bâtiment flanqué de deux pavillons plus élevés surtout par les combles. Cette façade est, au premier étage, percée de treize fenêtres, et ornée de niches dans lesquelles on a placé les statues d'illustres personnages célèbres dans l'histoire de France. Les ornements y abondent ; l'ordre corinthien est employé à l'étage inférieur. Du reste, il ne s'agit ici que de la façade qui donne sur la place ; le reste se compose de grandes adjonctions appartenant à notre époque.

Si maintenant il vous est agréable de connaître le vieux Paris, le Paris du seizième siècle, dans ses maisons, dans ses hôtels particuliers, hâtez-vous, car ces anciens monuments tombent toujours sous le marteau, qui semble renouveler notre capitale de fond en comble. Si les grands monuments disparaissent, à plus forte raison en doit-il être ainsi des simples habitations, à mesure que les générations qu'elles abritent s'affacent elles-mêmes et se succèdent, incessamment balayées par le temps. Mais avant de faire cette revue, je crois vous intéresser en vous rappelant, d'une manière rapide, les différents caractères par lesquels avait passé l'architecture des maisons depuis les anciens temps jusqu'au seizième siècle.

D'abord sous la première race, la maison, encore gallo-romaine, devait avoir les caractères si connus des archéologues, la maison romaine, c'est-à-dire le vestibule, l'atrium ou cour centrale et les appartements alentour, sans façade extérieure qui attirât les regards. Sous les Carlovingiens, la maison, devenue plus étroite, plus resserrée, plus semblable à une forteresse, est comme un symbole en petit de la féodalité alors croissante ; partout d'étroites fenêtres, le cintre partout avec des voussures multipliées comme aux portails des églises romanes. Au treizième siècle la maison prend le caractère de l'architecture en vogue ; l'ogive aux portes et aux fenêtres, les murs épais, les tourelles qui flanquent les angles de l'édifice, lequel lui-même se développe carrément avec d'assez justes proportions. On croit pouvoir reconnaître le treizième siècle dans une maison située près des Gobelins, rue Saint-Hippolyte, sur les bords de la Bièvre, et qui a reçu de la tradition le nom de palais de la reine Blanche. Ce sont deux corps de logis communiquant ensemble par une galerie ; la porte d'entrée est au-dessous ; on trouve quelques détails de sculpture gothique sur le perron et sur les portes du principal bâtiment, flanqué d'une tour carrée. L'hôtel de la Couronne-d'Or, rue des Bourdonnais, habité en **1280** par Philippe le Bel, n'offre plus qu'un vague souvenir du treizième siècle : le clocheton d'une tourelle.

Enfin au quinzième siècle il est facile de se représenter la vieille cité, ces maisons construites avec des chevrons croisés, les murs de mortier, les hauts pignons, la porte ogivale, et les fenêtres carrées, surmontées de l'ogive ou plutôt du pinacle aigu souvent revêtu d'ardoises; maisons étroites, serrées les unes contre les autres, bourgeoises et marchandes, dont chaque étage, s'avançant sur la rue, surplombe sur l'étage inférieur; tout le monde les connaît par tradition ou par souvenir réel; si elles ont disparu à Paris, la province en conserve un bon nombre dans ses vieilles villes, Nantes, Rouen, Strasbourg, Angers, Thiers en Auvergne. D'un jour à l'autre ces vestiges du vieil âge s'effacent et disparaissent du sol; mais les hommes de la génération qui s'éloigne ont parcouru ces rues tout empreintes des souvenirs du temps passé; c'est une évocation du moyen âge qu'ils ont gardée dans leur souvenir. La renaissance au seizième siècle change la manière de bâtir les maisons, comme elle a renouvelé l'architecture des palais; l'ogive tombe, la fenêtre devient carrée, séparée par des meneaux. Les gargouilles et les autres ornements de la transition s'épanouissent sur les façades; les ordres grecs luttent contre la forme gothique à peu près déchue; les escaliers à vis, tournant sur un pilier prolongé du haut jusqu'en bas, donnent entrée à de vastes chambres hautes qui réunissent la riche variété du mobilier à la splendeur des décorations.

Maintenant, voici, pour ce qui concerne le seizième siècle, un relevé des principaux hôtels se rapportant à cette époque reculée, avec les souvenirs historiques qu'ils rappellent.

L'hôtel de Sully, rue Saint-Antoine, ouvrage d'André du Cerceau, comme l'Hôtel de ville ; l'Arsenal, autre hôtel de Sully, que ce ministre habitait au moment de la mort de Henri IV ; l'hôtel de Sens, près le quai Saint-Paul, bâti par les archevêques de Sens sur les débris d'une maison que le roi Charles V avait achetée pour agrandir son hôtel Saint-Paul ; Marguerite de Valois, première femme de Henri IV, habita, dit-on, l'hôtel de Sens, à son retour d'Auvergne ; l'hôtel Lesdiguières, où mourut Gabrielle d'Estrées, après avoir mangé, dit-on, un fruit empoisonné. L'hôtel de Montbazon, rue de Béthune, petite maison remarquable par le souvenir de l'amiral Coligny, qui y périt dans la nuit du 24 août 1572. L'hôtel Carnavalet, rue Culture-Sainte-Catherine, commencé par Jean Bullant et terminé un siècle après par Mansart ; c'est un bâtiment sur la rue, d'un seul étage, ayant deux pavillons en avant-corps, couronnés de frontons ; il garde les souvenirs de madame de Sévigné, qui l'habita. On cite aussi un hôtel Colbert dans le douzième arrondissement, que l'on croit avoir été habité par le célèbre ministre de ce nom. La façade est ornée de bas-reliefs qui portent le style de la renaissance. Enfin il faut mentionner, comme souvenir historique, l'hôtel de Soissons, dont il ne reste plus qu'une colonne et une tour ; il avait été bâti par la reine Catherine de Médicis, sur l'emplacement où est maintenant la Halle aux blés.

Il pourra vous être curieux de visiter ces débris de la vieille France historique à Paris; mais, il ne faut pas perdre de temps : si ces hôtels subsistent à l'instant où nous écrivons, seront-ils debout quand on nous lira? Bientôt le vieux Paris ne sera plus qu'un rêve.

CHAPITRE III.

PARIS DEPUIS LE SEIZIÈME SIÈCLE.

I.

Siècle de Louis XIV. — Continuation du Louvre, des Tuileries; Jardin de ce palais; Champs-Élysées; le Luxembourg. — Rapide énumération des autres monuments de la même époque.

Le dix-septième siècle, celui de Louis XIV, est le grand siècle, l'âge où brillèrent de leur plus vif éclat en France les lettres et les arts. Un grand nombre des édifices que l'on visite et que l'on admire à Paris datent de cette époque. Notre intention n'est pas de les décrire tous; nous allons seulement montrer avec quelque détail quelle fut la part de cet âge dans l'achèvement des deux grands palais que le siècle précédent avait vu fonder. Nous continuerons de suivre d'une manière spéciale M. de Saint-Victor, dans son important ouvrage sur Paris.

1. *Le Louvre.* — Louis XIII ou plutôt le cardinal de Richelieu, ordonna de continuer le Louvre. L'archi-

tecte Jacques Lemercier, chargé de cette grande tâche, s'en acquitta avec habileté. Il suivit les dessins et les plans de Pierre Lescot dans la ligne des bâtiments ; il s'en écarta dans la construction du pavillon central dit pavillon de l'Horloge. Il couronna l'attique de huit figures en bas-relief et d'un très-grand caractère, de la main du sculpteur Sarrazin ; il surmonta ces figures d'un dôme. On a blâmé l'emploi de ces cariatides gigantesques placées ou troisième étage, les trois frontons enclavés les uns dans les autres, enfin le dôme quadrangulaire dont l'édifice est pesamment couronné. Le même architecte construisit le vestibule orné ou plutôt muni de colonnes qui est au rez-de-chaussée du même pavillon. On attribue à la même époque, et aussi à la direction de Lemercier, continuant à se conformer aux plans de Pierre Lescot, l'autre partie de l'aile méridionnale du Louvre (bord de l'eau). Le travail de Lescot s'était arrêté à l'endroit où est le guichet d'entrée de ce côté, parce que, selon le plan primitif, le Louvre ne devait avoir que le quart de la superficie occupée aujourd'hui par la cour. Tel était l'état du palais à l'avénement de Louis XIV.

Il restait deux ailes à construire, celle du côté de la rue du Coq, et celle du côté de la rue Saint-Germain l'Auxerrois. Cette dernière, c'est-à-dire celle qui, sur la surface extérieure, offre la grande colonnade, fut achevée, après bien des difficultés, sur les dessins du médecin Perrault, qui se trouvait être un architecte plein de génie. La façade consiste en trois avant-corps unis entre eux par deux péristyles

composés de colonnes accouplées d'ordre corinthien. La porte principale est dans l'avant-corps du
milieu.

La colonnade du Louvre est assurément une des
plus grandes choses qu'ait produites l'architecture
moderne ; l'ordre corinthien qui la compose est d'une
admirable proportion. On lui reproche bien de n'être
qu'une décoration théâtrale, n'ayant pas un but entièrement marqué. On a blâmé aussi l'avant-corps
du milieu, qui interrompt la colonnade, forme deux
péristyles séparés, et rompt l'harmonie sans reposer
suffisamment les regards. Il est certain que si l'on se
promène sous la galerie, et que l'on admire la beauté
des lignes de l'architecture et des colonnes, la simplicité des ornements, la hauteur du plafond et l'é-
légance des soffites dont il est orné, la richesse du
pavé de marbre, on regrette l'abaissement soudain
que l'avant-corps produit au milieu et la forme écrasée
de l'œil-de-beuf. Du reste chacun peut lui-même exercer son goût, et, se plaçant en présence du chef-d'œuvre,
sentir la présence du beau, tout en reconnaissant plus
ou moins la réalité des critiques.

On s'occupa alors de compléter l'édifice en essayant d'opérer quelques raccordements. On fit dans
ce sens des modifications à la façade du bord de l'eau.
Puis l'architecte Levau compléta l'aile qui donne sur la
rue du Coq ; mais tout cet ensemble restait encore bien
incomplet. Au dix-huitième siècle on acheva l'œuvre,
toujours d'après le système de Perrault. L'architecture de la façade intérieure de l'aile du sud (bord de

l'eau) reçut la même disposition que celle qui avait été donnée aux deux ailes plus récentes. Voici quelles furent en définitive ces dispositions : l'ordre corinthien au rez-de-chaussée, l'ordre composite au-dessus ; pour le second étage, un troisième ordre dans la proportion corinthienne ; puis, au sommet, une balustrade dans le goût italien. On n'acheva pas ce raccordement et on laissa à la façade de l'ouest, celle de l'Horloge, sa disposition primitive. Là du moins nous avons l'œuvre intégrale et inaltérée de Pierre Lescot et de ses premiers successeurs.

2. *Les Tuileries.* — Afin de donner plus d'unité aux constructions antérieures, on commença par changer la forme et la disposition du corps du milieu. On y rétablit un accord de lignes bien entendu ; on mit un dôme quadrangulaire là où il y avait une coupole. Alors l'architecte Du Cerceau fit les deux corps de bâtiments à pilastres corinthiens qui de chaque côté suivent les constructions de l'âge précédent. Du côté de la cour, tout en modifiant le pavillon du milieu, on conserva la riche ordonnance des colonnes à bandes de marbre, ouvrage de Philibert Delorme, et l'on termina la galerie qui joint le Louvre aux Tuileries, maintenant galerie du Musée. Il fallait un jardin digne de ce palais.

Le jardin des Tuileries. — Dans l'origine une rue régnait le long de la façade du château des Tuileries. Au delà de cette rue, dans un terrain vague, un jardinier architecte du goût le plus artiste, un grand artiste digne de son siècle, Le Nostre, créa dans

cet espace le jardin des Tuileries. Deux terrasses parallèles furent établies, au nord et au sud, en face des
pavillons extrêmes du palais; au milieu l'artiste laissa
une ouverture d'où la vue pût s'étendre sur les Champs-
Élysées. Ces deux terrasses avaient surtout pour objet
de remédier aux inégalités du terrain, afin de laisser
à la façade tout son développement. Le Nostre établit
devant le palais une vaste esplanade, et ne plaça la
partie couverte, les arbres du jardin, qu'à plus de
quatre-vingts toises de cette façade; ainsi la masse de
beaux arbres placée à cette distance devait produire
tout son effet sans nuire à celui du palais. Tout le sol
de la partie mise à découvert fut enrichi de parterres à
compartiments, dont le dessins, d'une noble élégance,
ont été conservés jusqu'à nos jours. Trois bassins cir-
culaires, placés entre ces parterres, y apportent une
agréable variété. En face des parterres, et dans l'alignement du grand avant-corps, fut plantée une
longue allée de marronniers. Par delà le bois il y a un
espace découvert avec un bassin au milieu. Tout cet
ensemble est d'un effet admirable, variété dans le
dessin, parfaite disposition dans les plans, beaux
contrastes entre les lignes du palais, la verdure des
Champs-Élysées, les fuites de la rivière, et la vaste
perspective du milieu prolongée jusqu'à l'Arc de
Triomphe. Partout l'air, l'espace, la grandeur. Ajoutez aussi les ouvrages, presque tous renommés, des
différents âges de la sculpture moderne dont ce beau
jardin est peuplé.

Il faut dire aussi un mot des Champs-Élysées,

désormais inséparables de tout cet ensemble impérial. Dans l'année 1616, Marie de Médicis ayant acheté le vaste emplacement où se trouvent aujourd'hui ces belles promenades, y fit planter trois allées fermées par des grilles de fer. Cette promenade, réservée à la reine et à sa cour, reçut le nom de Cours-la-Reine. Vers 1670 elle fut accrue et plantée dans le système qu'elle a conservé jusqu'ici, avec le nom poétique de Champs-Élysées, qu'elle reçut dès lors.

Un autre palais, celui du Luxembourg, est un grand ouvrage de la première époque du dix-septième siècle, dont il convient d'établir le caractère avec l'origine historique.

La reine Marie de Médicis fonda le palais en 1615, sous la direction de son architecte Jacques des Brosses. Il devait s'appeler palais Médicis ; mais il garda le nom du prince de Luxembourg, qui avait possédé l'hôtel remplacé par le palais. C'est un carré disposé avec une parfaite symétrie : une seule cour, environnée de portiques, et flanquée de quatre corps de bâtiments carrés, qu'on appelle des pavillons. Du côté du jardin on a blâmé l'addition de deux gros pavillons qui, avec le corps du milieu, doublent dans cette partie l'épaisseur de la masse. En général cette architecture, et en particulier le pavillon d'entrée, n'est pas exempt de pesanteur. Il faut remarquer le style de bossages carrés ou arrondis, dont les murs et les ordres sont couverts. Ce genre d'ornements, qui avait pour but d'emporter l'idée de force et de solidité, est peu élégant et justement abandonné. Le système de

bossages règne dans les monuments du temps de
Henri IV et de Louis XIII. Il dominait à Florence,
et en particulier dans le palais Pitti, dont celui
du Luxembourg, est en quelque sorte une imitation. Quoi qu'il en soit c'est une solide construction :
disposition pleine de symétrie, accord des masses,
ensemble régulier, tels sont les mérites qui font du
palais du Luxembourg, en y joignant son admirable
jardin, un des plus beaux monuments de l'architecture moderne. Nous achevons par une simple men-
tion la revue des autres monuments qui appartiennent au siècle de Louis le Grand.

Les Invalides. Avant Henri IV, les vieux soldats
étaient réduits à vivre d'aumônes. Le roi et son fils
Louis XIII décidèrent que des places leur seraient ré-
servées dans les hospices. Louis XIV leur ouvrit un
palais, l'hôtel des Invalides, dont les fondements furent jetés en 1670. — Saint-Roch, église élevée sur
les dessins de Lemercier; Louis XIV en posa la première pierre en 1653. — La Sorbonne, ancien collége, toujours subsistant dans le vieux palais de l'U-
niversité; bâti par le cardinal de Richelieu, qui fonda
l'église en 1635. — Le collége des Quatre-Nations,
aujourd'hui palais de l'Institut, et dans l'origine palais
Mazarin, fondé par ce ministre de Louis XIV, en 1662,
sur les ruines de la Tour de Nesle. — Le Val de
Grâce, sur les dessins de Mansart. — Portail de Saint-
Gervais, dessins de Des Brosses, première pierre posée en 1616 par Louis XIII.

Beaucoup d'autres églises, peu remarquables par

leur architecture, se rapportent à la même époque. Une grande uniformité règne dans les constructions religieuses. A l'intérieur, système de pilastres supportant un entablement assez lourd, surtout dans les corniches ; à l'extérieur, un portique plus ou moins élégant, souvent fort pauvre, comme à Saint-Thomas d'Aquin, quelquefois plus imposant, dans le genre de celui de Saint-Gervais. On trouve ordinairement deux ordres superposés et surmontés d'un fronton demi-circulaire, ou bien d'assez beaux portails surmontés d'un dôme. L'architecture religieuse sous Louis XIV, ne fut point au niveau du développement que prirent les lettres et les arts dans ce grand siècle ; la possibilité de créer de magnifiques églises était passée, avec le génie qui avait élevé les cathédrales gothiques.

Poursuivons notre revue.

La porte Saint-Denis et la porte Saint-Martin, arcs de triomphe élevés à la gloire de Louis XIV, l'un en 1672, et l'autre peu d'années après. — Les colonnes de la barrière du Trône. — La place des Victoires, sur les dessins de Mansart. — La place Vendôme, tant illustrée depuis par sa colonne immortelle. — La place Royale, antérieure aux précédentes, bâtie sur l'emplacement du palais des Tournelles, qui avait été habité par Charles VII, et où étaient morts les rois Louis XII et Henri II. Commencée en 1604 par ordre de Henri IV, cette place, avec ses édifices uniformes, bâtis de pierres et de briques, sur arcades, est un monument encore subsistant de la première moitié du dix-septième siècle dans ce Paris tant renouvelé ; c'est la plus fidèle évocation que les Parisiens puissent se donner d'un aspect de Paris à cette époque depuis si longtemps évanouie.

II.

Accroissements et amélioration de Paris ; conclusion.

Nous bornons ici cette revue historique des anciens monuments de Paris. C'est assez d'avoir classé les monuments d'après les siècles, et essayé de montrer les divers procédés suivis par l'architecture à Paris, depuis l'époque gallo-romaine jusqu'au siècle florissant de Louis XIV. Ce livre, fait pour intéresser et instruire par le tableau comparatif des capitales, ne saurait être un Guide du Voyageur à Paris, et à cet ordre de publication appartient le soin de promener le jeune amateur dans tous les quartiers de la capitale, pour lui expliquer les merveilles ou les choses remarquables dont elle est remplie. Content d'avoir montré le Paris monumental à ses hautes époques, nous livrons nos lecteurs à leurs promenades pour les monuments de l'âge plus récent qui appellent les yeux dans la capitale de la France. Jetons seulement un rapide regard sur les accroissements actuels de cette immortelle cité.

Que de grandes choses ont été entreprises et s'exécutent en ce moment à Paris ! Celui qui règle la destinée de ce pays n'ignore pas que l'accroissement des arts sur le sol de France est le plus beau fleuron de son grand héritage. Que de travaux, quelle activité !

La ville de Paris est envahie par la pacifique armée des travailleurs, qui la renouvellent. Voyez d'abord ce qui s'est fait depuis quelques années. Le portail de Notre-Dame restauré et apparaissant dans sa splendeur première; au Louvre, le bâtiment du Musée réparé ainsi que la façade extérieure de la longue galerie, avec les charmants détails de sculpture qui courent sur les frises. La Cité a été renouvelée presque entièrement. Quelques rues, comme celle de la Calandre, peuvent donner une idée de la situation dans laquelle se trouvait toute la Cité en **1830**. Maintenant l'antique Lutèce est parfaitement coupée par de très-belles rues; la cathédrale est isolée. Les deux extrémités de l'île, véritable navire parisien, sont délivrées de tout encombrement. Maintenant cette vaste région de Paris offre un grand aspect, quand, placé sur les beaux et larges trottoirs d'asphalte qui vont jusqu'au Jardin des Plantes, on la considère dans son ensemble : les deux îles, la cathédrale, les ponts qui se multiplient et se croisent, et la tour de la Boucherie, qui domine sur la rive droite. Que d'effets pittoresques quand on revient le soir, aux feux du gaz, aux milliers de fenêtres éclairées derrière lesquelles respire l'immense population, et surtout aux rayons de la lune majestueuse apparaissant sur les vieilles tours, et sillonnant de ses reflets fantastiques l'eau qui fuit sous l'arche isolée de quelque pont de la Cité!

De l'autre côté, en allant vers Bercy, de belles lignes ont été établies, et plantées d'arbres le long du canal. Les embarcadères ont animé et embelli les quartiers reculés. De grands quartiers neufs se sont formés et ont été établis dans ces régions; et les *docks* parisiens s'apprêtent à procurer un vaste accroissement pour la capitale, en même temps qu'un redoublement d'activité pour le commerce de Paris. Ajoutez que de grandes halles couvertes se construisent devant Saint-Eustache, et, par la destruction des anciennes halles, vont rendre à la salubrité la populeuse région que traverse la rue Saint-Denis, en même temps que les abords de cette région du commerce parisien se trouveront facilités par l'importante réparation du Pont-Neuf, cette grande artère de Paris.

Sur la rive gauche, de grandes voies de communication se sont établies pour mettre les quais en rapport avec le Luxembourg, ou même avec la lointaine barrière de Fontainebleau. Tel est le but de la rue des Écoles, par laquelle l'air et la lumière vont être rendus au quartier populeux de Saint-Marcel. Les grandes écoles de Paris ne seront pas reculées dans les régions inconnues, et le quartier de Sainte-Geneviève subira la transformation qu'a déjà reçue la cité. La place du Panthéon elle-même a changé de face, par les belles constructions dont elle a été ornée, surtout par la bibliothèque de Sainte-Geneviève, et enfin par la rue Soufflot, qui mettra en perspective du Panthéon une grille du Luxembourg.

Mais de plus vastes constructions s'accomplissent. Déjà l'achèvement du Louvre par sa réunion aux Tuileries a été décrété; cette œuvre impériale aura enfin son exécution, et la galerie qui doit unir les deux palais au nord, sera terminée. Joignez à cela le prolongement de la rue de Rivoli, qui établira la communication du Louvre à la barrière du Trône par le quartier Saint-Antoine, de sorte que l'Hôtel-de-Ville sera comme un point central entre les deux points extrêmes de la capitale sur la rive droite. Malheureusement la grande entrée manquera toujours par la colonnade, véritable ouverture de cette ligne de palais. Quelle chose incomparable si l'on avait pu venir de la barrière du Trône, traverser des rues droites, se présenter devant la colonnade, environnée d'une grande place, et là, suivre ce pays des merveilles, les places, les palais, les jardins, les Champs-Élysées, pour trouver enfin une issue sans pareille par l'arc triomphal de l'Étoile !

C'est le destin ; il faut toujours désirer quelque chose. Et maintenant une seule question en terminant. Puisque nos avons promené nos jeunes lecteurs à travers les capitales du monde, celle de la France n'est-elle pas la reine entre toutes ? Bientôt d'ailleurs Paris s'étendra jusqu'aux fortifications ; alors aucune cité du monde ne pourra lui disputer la prééminence même pour l'étendue. Que sera-ce s'il s'agit des trésors de la civilisation ?

FIN.

TABLE DES MATIÈRES.

Chapitre V.

ATHÈNES.

Chapitre VI.

ROME ANCIENNE.

LIVRE SECOND. CAPITALES MODERNES.

Chapitre Ier.

L'ORIENT MODERNE : PÉKING, CALCUTTA, DAMAS.

Chapitre II.

TROIS VILLES AMÉRICAINES.

CHAPITRE VII.

LES DEUX PÉNINSULES.

CHAPITRE VIII.

ROME MODERNE.

CHAPITRE IX.

LONDRES.

LIVRE TROISIÈME. PARIS REINE DES CAPITALES.

CHAPITRE Iᵉʳ.

PARIS AVANT LE SEIZIÈME SIÈCLE.

CHAPITRE II.

PARIS AU SEIZIÈME SIÈCLE.

CHAPITRE III.

PARIS DEPUIS LE SEIZIÈME SIÈCLE.